中国脱贫攻坚
县域故事丛书

County-level Story Series on
Poverty Alleviation in China

中国脱贫攻坚
岢岚故事

全国扶贫宣传教育中心 组织编写

人民出版社

目　录
CONTENTS

前　言 ··· *001*

第1篇 ｜ 脱贫路上 ··· 001

勠力同心 ··· 003

岢岚是个好地方 ··· 025

第2篇 ｜ 一样的脱贫致富路，不一样的故事 ········· 033

曹六仁："住上新楼房，感恩不忘党" ··············· 035

刘福有：一把扫帚扫出幸福路 ························· 038

王三女：赶上了好时代，是咱最大的福气 ········· 041

只要不闲着，心里就踏实 ······························ 043

张荣的"牛气"脱贫路 ···································· 047

外来的媳妇会"念经" ···································· 050

"二小子，这货来自乡下！" ···························· 053

专心一份爱，专注一扇门 ······························ 057

再穷不能没志气 ··· 061

耕一片田，植一个梦 ···································· 064

学以致用，报效家乡 ···································· 067

回家创业心志坚 ··· 072

小菠菜带来大收成 ……………………………………… 075

农民吕如堂的人生变奏曲 ……………………………… 078

大山深处一"牛人" …………………………………… 082

群众致富的义务"包工头" …………………………… 084

郝永光和他的造林合作联社 …………………………… 088

一把红笤帚扫出致富路 ………………………………… 091

"90后"村支书何沫樸的小欢喜 ……………………… 095

拳拳之心报乡梓 ………………………………………… 098

书生杨侠的乡土情怀 …………………………………… 101

第3篇 │ 脱贫路上领跑人 …………………………………… 105

幸福是奋斗出来的 ……………………………………… 107

赵利生的赤子情怀 ……………………………………… 111

立足山乡谋发展，产业兴旺促脱贫 …………………… 115

奔跑在扶贫路上的年轻人 ……………………………… 119

领着乡亲们过上好日子 ………………………………… 123

贫困户离不开的亲人 …………………………………… 126

踏实做事铺陈扶贫之路 ………………………………… 129

青春是一首奉献的歌 …………………………………… 132

康凯和他的扶贫梨 ……………………………………… 135

一个扶贫工作站站长的一天 …………………………… 138

刘峰的"两件大事" …………………………………… 142

扶贫工作的"百科全书" ……………………………… 145

第4篇 │ 一切为了脱贫，一切服务于脱贫 …………………… 149

国家统计局：跑好脱贫攻坚"接力赛" ……………… 151

山西省总工会：扶贫路上写好"精准"二字 ………………… 154

国家统计局山西调查总队：扎实走好帮扶路 ……………… 157

国开行山西分行：老乡满意，是我们最大的收获 ………… 162

忻州市纪委监委：他们来了，村子变了 …………………… 164

聚是一团火，散是满天星 …………………………………… 168

扶贫先扶智，雨露润人心 …………………………………… 170

"一技在手，一生不愁！" …………………………………… 174

娘娘庙村的红高粱 …………………………………………… 179

家门口的扶贫工厂 …………………………………………… 181

做一家有温度的企业 ………………………………………… 184

后　记 ………………………………………………………… 187

前　言

　　过去好多年里，山西省岢岚县赵二坡村郝智明、赵爱云夫妇不像别的老人那样等孩子回来，腊月里，他们会被儿子接到太原去过年。原因是家里既窄小又破烂，儿子媳妇孙子们回来吃饭睡觉都是问题。比起孩子们回家团聚，像郝智明、赵爱云夫妇这样不得不外出去子女家过年的老人，他们的无奈之情显然大于幸福。

　　老两口候鸟般的这份说不清道不明的"不得劲"，在2018年春节终止了——2017年，他们家的二小子郝永光从省城回到村里办起了普惠造林专业合作社，并且花了23万元把老屋彻底翻新，宽展展的一排窑洞，让老两口的眉头也舒展了。老家，成为儿孙们盼着回来的地方。

　　这是发生在一度以"国家级贫困县"为定语的山西省岢岚县的鲜活故事，更多这样的故事成为岢岚人茶余饭后的主要话题。和这些话题紧密相关的，便是岢岚县以"立足脱贫、着眼小康、全面振兴"为核心的脱贫攻坚战。

　　2017年6月21日，习近平总书记来到岢岚县赵家洼村看望贫困群众，沿着村里崎岖不平的土路一连走进刘福有、曹六仁、王三女三户村民家中，察看他们的生活环境，了解家庭致贫原因和稳定增收的可行性，同干部群众一起共商脱贫攻坚大计。从赵家洼村出来，习近平总书记又来到已经建设好的易地扶贫搬迁集中安置点宋家沟新村。看着干净整洁的村容村貌和村民们家中良好的生活条件，总书记十分高兴。他对村民们说，人民群众对美好生活的向往就是我们的奋斗目标。现在党中央就是要带领大家一心一意脱贫致富，让人民生活越过越好，芝麻开花节节高。请乡亲们同党中央一起，撸起袖子加油干！

总书记的深切关怀和殷殷嘱咐，给岢岚干部群众带来的是鼓舞，也是鞭策。牢记领袖嘱托，决战深度贫困，成为全县上下的行动指南和精神指引。

2018年年初，岢岚县召开全县脱贫攻坚誓师大会，会议向与会干部提出：把思想认识统一到全面小康目标上，把工作重心倾斜到开展精准脱贫上，把干部精力集中到帮助群众脱贫上，确保到2020年与全国、全省、全市同步完成全面小康的任务。在这场必须打赢的硬仗中，岢岚全县上下深入贯彻习近平总书记关于扶贫开发的重要论述，全面落实习近平总书记视察山西重要讲话指示精神，按照中央和省市脱贫攻坚战略部署，把脱贫攻坚作为最大政治责任和第一民生工程，全面践行工作务实、过程扎实、结果真实的要求，经过科学谋划、精密组织、上下联动、全员参与，全面完成了2565户6136人的搬迁，蹚出了基层党建引领脱贫攻坚、整村搬迁破解深度贫困、产业开发促进增收脱贫、生态建设融合增绿增收、城乡一体统筹环境治理五条路子，如期实现116个贫困村全部退出、8438户20029人脱贫县摘帽、14项指标全部达标，贫困发生率由31.8%下降到0.38%，并接受了第三方评估验收。2019年5月，经省政府批准岢岚县高质量摘帽，退出贫困县序列。同年，岢岚县开始深入实施"4510"巩固提升新策略，贫困发生率下降到0.08%；2020年实现23户48名未脱贫人口全部脱贫，516户1094人"两类户"全部解除预警，8423户19823名脱贫人口持续巩固不返贫。2020年，为应对新冠肺炎疫情影响，岢岚县出台贫困户就业培训、就业奖补、就业税收减免等6

条扶持政策，鼓励贫困户实现就业，围绕"人人有一技之长、人人有一资之证、人人有一业可就"的目标，截至 2020 年年底，贫困劳动力外出务工和就地就近就业达到 9040 人，工资性收入稳定提高，岢岚扎扎实实打赢了脱贫攻坚战，并稳步迈向全面小康。

　　随着一项项数据的不断变化，人们听到的是不断更新的脱贫致富、产业发展、城乡建设、乡村振兴那些新鲜事，看到的是昔日的荒山秃岭变成了今天的绿水青山；昔日渐渐老去的村庄变为城里人向往的宜居宜业宜游之地；昔日苦于吃水难、行路难、看病难的贫困群众，住进了新房子，开启了新生活；昔日自产自销的山货、杂粮，出现在了省内外超市的货架上；昔日靠天吃饭，靠苦养羊，长期生活在"放羊、娶媳妇、生娃、娃长大了再放羊"的圈圈里的农民终于走出了圈圈，迎来了属于他们每个人的崭新生活。这些变化让我们相信，从改革开放之后的扶贫开发到党的十八大以来的脱贫攻坚，从渐渐老去的村庄到全域旅游，一词之变的背后，是披荆斩棘一路走来的历史跨越。这份跨越，属于这个国家，属于这个时代，属于每一个家庭；这份变迁，反映在数据上，更反映在每一个人实实在在的生活中。

　　一个故事胜过一打道理。如今，当我们把目光聚焦到岢岚县，当我们为岢岚县委、县政府以及来自国家、省、市的 193 支驻村工作队和 4054 名干部付出的艰辛努力所打动，为他们在摆脱贫困、实现全面小康的时代命题下共同书写的这份硬核成绩单所折服的时候，不得不说，更加让我们动容并难忘的，是这份成绩单背后的那一个个故事和一幅幅画面。这其中，有借助国家政策勤劳致富的刘玉英、吕如堂们的喜悦，有村干部吴永明、何沐璞们奔波的身影，有国家、省、市驻村工作队的倾情奉献，更有各乡（镇）和行业部门舍我其谁的担当和愚公移山的精神。当我们行走在岢岚县城干净整洁的大街小巷，当我们沉醉于水墨画一般古朴淡雅的美丽乡村，当我们欣喜于蓬勃发展的产业，这一个又一个发生在平凡生活、平凡岗位上的故事，为正在巩固脱贫成果、完成全面小康的岢岚赋予了一份动人的力量，这份力量，让穷了无数年的岢岚人挺直了腰杆，让岢岚焕发了前所未有的生机和活力。

天地转，光阴迫。脱贫攻坚没有暂停键，更没有休止符。为了让"决战脱贫攻坚、决胜全面小康"成为全县人民都可感、可触的幸福生活，成为大家拥有更加美好的未来的坚定信念，岢岚县委、县政府持续号召全体干部以"功成必定有我"的境界和"功成不必在我"的胸怀，不断夯基础、补短板、促提升，坚持不歇脚、不放松、不懈怠，持续推动作风转变，不断强化"交总账意识"，鼓舞"尽锐出战、迎难而上"的干劲，砥砺"不获全胜、决不收兵"的决心，以"天天到现场"的工作方法，奋力走好守初心、担使命的岢岚新征途，在2020年脱贫攻坚收官之年，交上了一份让国家、让群众满意的岢岚答卷。当前，在一系列见人、见事、见项、见效的方案和举措下，岢岚上下正继续发扬久久为功、善作善成的工作定力，保持蹄疾步稳、勇毅笃行的工作状态，努力实现全县各项事业的新进步、新成就、新辉煌，用情用心用力书写新时代新岢岚的新篇章。

号角嘹亮，战鼓催人。现在，我们把经过精心筛选、认真采写的这44则故事奉献给读者，故事的主人公全部来自岢岚脱贫一线的干部群众。我们希望用这样的方式记录发生在岢岚的这场面向脱贫的伟大战役，用这些见证并创造了历史的平凡人的平凡故事向这个时代致敬，向这片土地致敬。文字是有限的，这个时代给予每个人的未来却是无限的。借此，我们也向本书中的主人公以及更多像他们一样的普通劳动者送上最真挚的祝福。

第1篇

脱贫路上

　　脱贫，是岢岚几代人的梦想，再往前，是人们想也不敢想的事。

　　旧貌换新颜，说起来容易，做起来却是要从一砖一瓦开始，从一村一户开始。工作，自然要从一点一滴做起。因为，我们想要的，不仅是新农村新面貌，还有新气象新风尚。

　　每一个定格的画面，记录的都是真实的、不可复制的过往，是这个时代投射在岢岚这个有着光荣历史传统的县份上的点滴印记。

　　本篇章"脱贫路上"，以图片集中展示脱贫后的岢岚城市乡村面貌、父老乡亲的变化、指向未来的产业发展，以及书写了历史、也必将被历史铭记的人们。

勠力同心

自脱贫攻坚战全面打响以来，岢岚实行县委书记县长双组长、县委副书记常务副县长双协同工作机制，成立 8 个片区工作组、24 个行业扶贫办公室、12 个乡镇扶贫工作站，专项组建 4 个督核组，为乡镇、农村、脱贫攻坚平台增派 384 名干部，落实脱贫摘帽"天天到现场"的到村工作制和入户工作法，推动 193 支驻村工作队 4054 名干部一线行动、现场施工、兑现任务。全县上下和各级帮扶干部勠力同心，砥砺前行，敢啃硬骨头，敢于涉险滩，用扎扎实实的工作不断刷新一个个数据，赢得了群众发自内心的笑容和肯定。

这里，我们重点撷取国家、省、市驻岢岚帮扶单位和县四大班子领导、帮扶干部进村入户访民情、察民意、一线解难题、办实事的真实场景，以及重点行业办聚焦"两不愁三保障"解民忧、排民难、暖民心的扎实举措。同时展示的还有全县各乡镇立足当地实际精心谋划、蓬勃发展的特色产业。

国开行山西分行向李家沟村、水草沟村赠送收割机

晋煤集团驻岢岚县官庄村工作队开展消费扶贫

中石油驻村工作队与乡亲们在一起

岢岚县四大班子领导在赵家洼村调研易地扶贫搬迁工作

岢岚县四大班子领导在赵家洼村举行"牢记领袖嘱托 决胜脱贫攻坚"重温入党誓词活动

2018年3月16日，中共岢岚县委农村工作暨脱贫摘帽誓师大会

岢岚县扶贫办研究脱贫攻坚推进工作

岢岚县农业农村局推进旱作农业促进农民增收工作

岢岚县消费扶贫现场

岢岚县林业局在规划生态扶贫项目

位于岢岚县城集中安置点的岢岚中学

高高兴兴上学去

岢岚县赵家洼村第一书记给搬迁户拍"全家福"

岢岚县住建局常态化入户监测住房安全

工作队入户了解村民住房安全

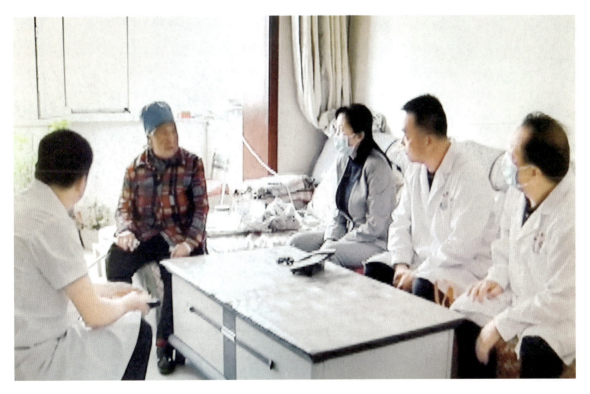

岢岚县卫健局开展健康扶贫"双服务"活动

健康扶贫"双签约、双服务"

岢岚县文旅局文化扶贫丰富村民文化生活

岢岚县妇联组织开展妇女技能培训

非遗文化进社区

岢岚县岚漪镇锁具扶贫车间

岢岚县广惠园社区家门口的立源皮具扶贫车间

岢岚县三井镇千亩红芸豆种植园区

岢岚县神堂坪乡红芸豆罐头加工

岢岚县高家会乡优质马铃薯繁育基地

岢岚县高家会乡天洼村晋岚绒山羊养殖示范户

岢岚柏籽羊

晋岚绒山羊深加工基地

伟岚工贸红芸豆加工车间

采摘野生沙棘

岢岚县宋家沟乡宋家沟新村

岢岚县宋家沟国家 AAAA 级旅游景区文旅产业带动群众增收

宋家沟新村搬迁户沈姚付老两口靠勤劳双手创造新生活

宋家沟新村民宿客栈

岢岚县大涧乡美丽乡村

岢岚县吴家庄村休闲农业生态建设助力群众务工增收

岢岚县阳坪乡易地搬迁中心集镇

岢岚县温泉乡富硒谷子种植园区

岢岚县水峪贯乡搬迁群众畅谈新生活

岢岚县西豹峪乡服装扶贫车间带动贫困户增收致富

岢岚县王家岔农康文旅项目

丰富多样的群众文化生活

岢岚是个好地方

1948 年 4 月 4 日,毛泽东与周恩来、任弼时等中央领导前往西柏坡路经岢岚时,留下了"岢岚是个好地方"的深情赞语。即使是被贫穷困扰的年代里,这句话带给岢岚人民的,始终是一份持久的温暖和鼓舞。

进入新时代,"好地方"岢岚,终于成为每个岢岚人都可以昂首向外界递交的名片。脱贫攻坚所取得的成就,给"好地方"提供了最强有力的注解。这片 1984 平方公里的土地,已经由过去的"晴天一身土,雨天一身泥"变为现在的全国避暑休闲县城,成为人人向往的清凉山城、养生福地;全县各村无一例外成为"看得见山、望得见水、记得住乡愁"的美丽乡村,曾经的荒山秃岭变为人人可以享有的金山银山……

这里,我们选取的是如今岢岚的城乡面貌和岢岚人民的日常生活,以此感受"好地方"岢岚的独特风采,展望属于这片土地的更加美好的未来。

岢岚县城

清凉山城

历史重镇

养生福地

岢岚县高家湾水库

白鹭嬉戏漪水畔

骑在羊背上的岢岚

位于岢岚县城的易地搬迁广惠园集中安置点

岢岚县城安元街夜景

喜洋洋广场

宋家沟乡村旅游季上村民自发跳起舞

新岢岚　新希望

第2篇

水草沟村一样的脱贫致富路，不一样的故事

　　搬进新房子，过上好日子；斩断穷根子，走上新路子。

　　每一个脱贫数据背后，是国家、省、市、县出台的一项项惠民政策和利民措施，是不落一户、不落一人的决心和信心，是一个又一个家庭的变迁，是一个又一个人用性格和意志书写在这片黄土地上的独一无二的、属于他们自己的神话和传奇。

　　走近他们，倾听他们的故事，抚摸他们被汗水浸泡过的手掌。一个笑脸，胜过千言万语。把最深情的祝福送给他们，脱贫路上，这些可亲可敬的面孔。

曹六仁：“住上新楼房，感恩不忘党”

对于岢岚县阳坪乡赵家洼村的曹六仁来说，“进城”，不只是农民变工人，“天天像过年一样”，更是一个全新人生的开始。用老曹的话说就是：60多岁了，什么时候闭眼都没有一点儿遗憾了。

有自来水就是方便

2017年9月22日，老曹从赵家洼村搬到了广惠园小区一套82平方米的新居，并且获得了在玻棉厂工作的机会，每个月可以定时领到2800元的工资。打工所得加上各项补助，老曹和老伴王春娥每年可以获得6万余元的收入。每谈及此，老曹都会努力用一些文绉绉的词来表达这份满足感，说这是过去"不敢想的幸福样子"，是"从心底里、实实心心地感到满足"。好像说出的话都不足以表达他的心情，于是，他会再作沉吟，再换一些句子。有时，他还会随便在一张纸上写写自己的心里话。2020年正月里，老曹思谋出一句话，觉得很能代表自己的心情，于是就多次和人们说起来，这句话就是：住上新楼房，感恩不忘党。

老曹有四个孩子，三子一女。老曹觉得自己吃了没有文化的苦头，就愿意不惜一切代价培养孩子读书，无奈赵家洼的几亩薄田实在太过贫瘠，即使风调雨顺，他们也难以感受到丰收的喜悦，一年到头根本结余不下几个钱。他家一年只有中秋节和过年可以吃顿白面，有了病能扛则扛，"全靠命顶着"，家里能有个买药的钱，就算是不错了。长久的艰辛和贫困，让老曹认命："不这样，能咋，咱能移了山、换了地吗？"

说到那时的穷，老曹讲了这样一件事：1995年，大儿子初中毕业考上山西省贸易学校，四年学费2万元，老曹东借西借，才借下3000元钱。为了让儿子如愿上学，老曹狠狠心带着儿子辗转到学校"求学"，初次到省城，找路、找人的辛苦和不堪自不必说，连返回时的路费都没有了，不得已向学校负责人讲了自己的难处，学校从这3000元里"借"给他100元。这个钱，只够父子俩坐车回到五寨，最后他们搭了个顺风车才回到岢岚。儿子开学时，只有一条破了洞的裤子，老曹进城卖了30斤小米才给儿子买了一条新裤子……

老曹是典型的因学致贫。二儿子上到初一，实在供不起，主动提出要退学；三儿子上了山西省建筑工程技术学校，小女儿上了天津机电职业技术学院。孩子们上学那些年，他和老伴节衣缩食，勒紧腰带过日子，"没有知识不行，就是再苦，我也要供他们上学。这是我当父亲的一个心意，苦些没啥"。好在现在孩子们都有了自己的工作，能够自食其力，这让老曹觉得很安慰。

老曹说，自己做梦也没有想到，本以为人生已经看到头了，结果发生了一连串自己"没想到"的事，桩桩件件，都让他觉得"心里热烘烘的"：没想到会住进城里，会有这么好的一套楼房；没想到孩子们一个比一个有长进，谁也不怪怨曾经的穷苦；没想到自己的生活受到上上下下这么多人的关心，冷暖有人过问，看病还能够报销；没想到自己会有一份工作，会过上领工资的生活；特别是没想到总书记会去看他，还坐在他家的炕沿上……

老曹说，自己是个实在人，不说虚话，感恩，就要用行动来表示。他感恩自己获得这份工作，做完本职工作之余，会主动帮厂里做力所能及的事，并且谢绝了厂里一个月 4 天的轮休日，说"要通过加

曹六仁在打扫卫生之余，会主动去做别的力所能及之事

班来表达对领导的感谢"；2020年新冠肺炎疫情袭来，他毫不犹豫拿出3000元捐给武汉，"国家帮我们，让咱过上了好日子；国家遇着事了，咱老百姓也要尽一份力，多少是个心意"……

眼前的老曹，穿一件藏蓝色纯棉衬衫，深蓝色牛仔裤，紫棠色的面孔上洋溢着发自心底的笑容。赵家洼村现在已经复垦，过去的破房烂院不复存在，取而代之的是由油松套种中药材白芍后呈现出的满坡的绿色。老曹还一个人回赵家洼村看过几次，看到自己生活了60多年的穷沟不仅没有荒废，反而变得像个公园了，觉得十分满足。老曹每天都要看看新闻联播，他说，国富才能民强，现在最大的愿望是："希望我们这个国家越来越好，每个人都过上幸福的生活！"

刘福有：一把扫帚扫出幸福路

岢岚县广惠园小区仰峤幼儿园和岢岚中学之间，每天都会看到一位身着橙色环卫服的老人。老人手持一把扫帚，密切关注着区域内的环境卫生，一个烟头、一片纸屑都不会放过。

老人叫刘福有，2017年9月22日，从阳坪乡赵家洼村搬到广惠园小区一套75平方米的新居，房间通透敞亮。广惠园小区是岢岚县最大的易地搬迁集中安置区，银行、学校、幼儿园、市场，各种生活设施齐全。搬迁后，老人和老伴杨娥子每年可享受转移性收入13813.92元，养老金2952元，低保金7416元，退耕还林还草补助金3360元等多项补助，加上保洁员工资收入，老两口每年可支配收入约35000元。

刘福有有一子四女。父母在世时，他和老伴要解决全家9口人的生活，瘫痪的老母亲在搬进城来的第二年去世，享年93岁。在村里时，他家人口多，地也多，只是人弱地瘦，春种秋收时，"人和牛马

在新居过的第一个春节

做着一样的营生，种的时候背种子进去，收的时候背垛子回来，每次一百来斤地背，直到黑得看不见路才收工"。就是这样没日没夜地干，一年辛苦下来，种地的收入也只有 2000 多元，勉强能挣些化肥钱、买药钱。那些年，刘福有把对幸福的标准降到了最低：一家人安安宁宁，不出是是非非就好。

搬迁前，驻村单位帮扶责任人、岢岚县人大办公室主任杨志明曾笑着问刘福有："大叔，准备在城里买楼房不？"刘福有觉得这后生在逗他，答："买，有人给买呀。"杨志明感觉意外，再问："儿女给买呀？您知道一套楼得多少钱？""顶多一两千也就够了。""一两千？"杨志明不解，生性幽默的刘福有笑道："纸扎店里那漂亮房房，我估计他们会给我买。"本来是想告诉老人不久就会进城住新房这个喜讯，先卖个关子，老人的回答让杨志明心头一酸。2017 年 8 月下旬，杨志明和驻村工作队带着刘福有等人去广惠园小区看装修中的新房子。"老人看到新房子很开心，我们也从心里为他们高兴！"

"刚进来时，我妈时不时就会问我：这真的是咱的家吗？"刘福有

总书记，希望您再来我的新家看看！

说，老母亲每次问，他都会一遍遍告诉她：是呀，这就是咱的家啦，咱进城啦！"不要说老人，说实话，我也觉得像做梦一样。想也没想过，梦也没梦到。"

说起搬迁，刘福有说，起初自己真的不踏实。"土地再贫瘠，春种秋收总是有指望的，进城后不种地了吃啥喝啥？没想到咱担心的事县委、县政府早就考虑周全了，进城后不仅住上了新房子，而且有了存折，存折上工资每个月都会进账，每季度都会有各项补助打进来，我也记不清都是些甚了，反正花不了。"本地爱心企业家为赵家洼村搬进来的 6 户分别捐助了 1 万元用于装修，8000 元用于购置些生活用品。"咱从来没有一次性拿到过 1 沓子钱，家里也很多年没添置家具了，不会花，不知道买啥。"刘福有说，"贾主任（县人大主任贾玉春，编者注）一家一家走，把钱给了我们，我们又把钱都塞到了他手里，让他帮我们装修。结果，搬进来时要甚有甚！"

刘福有等人不知道，为了让他们在新房子里真正过上新生活，县人大贾玉春、杨志明等人从选材到采购事无巨细，比给自己装修都要尽心，一个月里天天奔波于 6 套房屋之间。他们搬进来后，从交电费、用煤气到怎么开锁，第一书记陈福庆一一指导，有问题随叫随到。除了生活上的便利和工作队的倾心关心外，最让老人家开心的是，交通方便了，儿女们回家的次数也多了。"我父亲给我取了个'有福'（后来改为福有），我是老了才知道这'福'是咋回事啦"，刘福有开心地说。

对于保洁这份工作，刘福有很珍惜。"比起种地来，这营生根本算不上个苦。"他说，在村里早起惯了，他一般都会比规定时间早去晚回。"种了一辈子地，咱没文化，只有个力气，我老汉就是想用这把扫帚，过踏踏实实的日子，扫出一条宽宽展展的幸福路！"

王三女：赶上了好时代，是咱最大的福气

2017 年 6 月 21 日，习近平总书记去赵家洼村时，68 岁的王三女祖孙三人住在一间狭窄、昏暗的老屋里。总书记得知她 68 岁后亲切地说："你比我大 4 岁，我得叫你大姐！"这一声"大姐"，让这个失去亲人多年的老人百感交集，眼里涌出了泪花。

其时，赵家洼村常住人口只有 6 户 11 人，王三女一家三口，论家庭人数是最多的，但特殊的家庭构成，让这个家的日子比另外 5 家更加窘迫。王三女年轻时就患上风湿性心脏病和高血压，后来又引发慢性支气管炎。丈夫、儿子的相继离世，儿媳妇的离家出走，让老人的生活雪上加霜，老人独自拉扯着患有残障的孙子、孙女，生活的艰难可想而知。自县人大驻村工作队帮扶赵家洼村以来，工作队队员给老人挑水、帮助老人种地，点对点的帮扶，让老人获得了从未有过的踏实感和安全感。老人手机里有限的几个联系人里，接打次数最多的就是驻村第一书记陈福庆。王三女老人早已把福庆书记当作自己的儿

子看待，老人逢人就说："这也不知道是哪年修来的福气……"

进了城，王三女搬进了位于县城广惠园小区的单元楼里，两个孙儿在驻村工作队的协调下进了忻州市特殊教育学校。在新家，老人不仅用上了自来水，而且平生第一次用上了煤气灶、电磁炉、洗衣机，电冰箱里储存着肉和新鲜蔬菜，在县、乡、村的帮扶下，家里米、面、油"吃也吃不完"。特别是卫生间里安装了电热水器，老人可以在家里洗上热水澡了。

"现在这日子，那是不能再好了！"进城好长一段时间，老人仍然常有如在梦中的感觉。

在新家里，王三女养起了花，花期长的迎春花、装饰窗台的洋绣球、叶子如剑的龙舌兰，还有好多盆她也叫不上名字的花花草草，客厅里、阳台上摆得满满当当。"以前在赵家洼，人吃的水还得节省着用，哪里舍得费水养花。"老人一边浇花，一边喜滋滋地说。

王三女再也没有一点儿后顾之忧。忙乎惯了，老人进城后不肯闲

王三女老人的幸福生活

着，也争取到了小区保洁员的岗位。保洁的范围不大，活不重，闲下来，老人就会和小区里来来往往的人聊天。老人感慨："现在一天见的人顶得上过去在村里几十年见的人多了！"

回忆赵家洼的生活，王三女说："想是想哩，再穷也是咱的根啊。"说到是否还想回去，大娘态度坚决："那可不想回去了。那叫啥日子，带着两个娃娃，没依没靠的。"

说起两个孙儿来，王三女不住地夸驻村扶贫工作队。当初说送孩子去学校，她还半信半疑，"外人能有咱自己亲，能用心照顾不懂事的娃？"现在，孩子放假回来，她发现两个孙儿不仅白净了，一年一个样，还学会了不少东西，现在问个话也能说个七七八八。

"奶奶亲是亲，只能将就着让他们活命，党把他们送到学校里，让他们接受教育，是让他们以后能好好生活。"王三女明白了，现在也不牵挂了，"国家比亲奶奶还要抚养得好，再说，我也是 70 多岁的人了，能养活他们几年？"

身患多种疾病，但老人再也不用为看病发愁了。岢岚县严格落实医保政策，通过"三保险、三救助"报销补偿后，全县贫困户报销比例超过 90%，完全实现贫困人口看病就医的兜底保障。2019 年，王三女住了两次院，总费用 8914.3 元，自己只花了 525.77 元。不仅如此，在全县健康扶贫"双服务"的政策下，经常还有家庭医生上门为老人送医送药。

王三女一家是 2018 年年底脱贫的，现在，过上了城里人的生活，老人由衷感慨："赶上了好时代，是咱最大的福气。"

只要不闲着，心里就踏实

2018 年春节，是沈姚付一家乔迁新居后的第一个春节。窗明几

领回荣誉证，老两口乐在心里

净、手有余钱，全家人都很开心。他们换上了新衣服，做了满满一桌子好菜，大门上，完小毕业的沈姚付自拟了一副新春联："脱贫致富奔小康，汗水换来幸福田"，横批"走出贫困"。有亲戚朋友和游客过来看到春联，他都会兴奋地告诉人家这是他自己编的心里话，他说，习近平总书记来咱村看过咱，国家扶持咱，县里帮助咱，咱自己要勤劳些，好日子这就来了。

在搬到宋家沟新村之前，沈姚付在西口子半山坡上的家不足40平方米，日出而作，日落而息，靠着贫瘠的土地讨生活，取水困难，收入单一且不稳定，空有一个致富的梦想却苦于找不到致富的门路，只能靠着精准贫困户的名头享受国家的扶贫政策，让自己的生活好一点。沈姚付不甘心只做个享受政策的贫困户，他有一把子劲儿想使出来。

2017年，沈姚付的生活有了翻天覆地的变化。那一年，他响应国家易地扶贫搬迁政策搬到宋家沟新村，成为一名新农村的居民，见

荣誉上墙，干劲满满

到了"万辈子也想不到"可以见到的习近平总书记。他觉得自己浑身充满了力量。

搬到宋家沟新村，住上了明亮宽敞的房子，出门是宽展整洁的街道，回家是方便充足的自来水，认识了方圆几十里聚拢来的新邻居，来来往往的村干部、乡干部、扶贫干部都关心着他的生活。沈姚付和同样搬到宋家沟新村的二弟一家及老母亲都无比欢喜。他说，以前村子小，不方便，要买袋盐还得专门赶到宋家沟来买，现在住过来了，锅里做着饭再去买也不误事。他和老伴儿刘林桃的生活也丰富了起来，吃过饭后会去街上遛个弯、和邻居们说说话，看看来来往往的游客，听他们说着四面八方的话，觉得很新鲜。街上人多，红火。

街上红火了，沈姚付的心里也闲不住了。看到来宋家沟旅游的人越来越多，勤快的他就动起了脑筋。于是，他和老伴儿盘算了一下，开始试着做自己比较拿手的凉粉来卖。每天晚上做好准备，早上起个大早，等街上人多起来的时候，他们就在三棵树广场支起了小摊儿。

碗托供不应求

一开始时来吃的人稀稀拉拉，但沈姚付两口子既勤劳又爱干净，他们做的凉皮、碗托、茨粉渐渐受到了很多游客的欢迎。他们的生意越来越好，很多人吃完还要带走。正赶上夏季的旅游旺季，短短两个月内收入了6000多元，连沈姚付自己都觉得不可思议。他说，人多就是不一样，没想到两个月可以赚自己之前近一年的收入。沈姚付忽然发现，他成了乡村旅游的受益者。这下，沈姚付更有信心了。

2018年，沈姚付除了继续做些豆面茨粉、荞面碗托外，又思谋开个农家乐。在村里合作社的帮助下，老两口顺利办起了农家乐。将自己闲置的房子收拾出来，接待游客住宿，里面的基本生活用品一应俱全，一晚上只收100元。节假日，常有城市里的客人住在这里，感受田园生活。住下来的客人有时候也会在沈姚付的家里吃饭，他和老伴儿做的包子、花卷吃过的都说好。有太原来的客人告诉他，以后增加一些岢岚风味的特色饭，他们还会带朋友们来住来吃。过年时，沈姚付又欢喜地写了副对联贴在大门上："撸起袖子加油干，双手办起农家乐"，横批是"心想事成"。

2019 年，沈姚付一家种了 12 亩地，有土豆、谷子、玉米、高粱，还有红芸豆，年景好的话，他可以收入 1 万多，还能富余自己家吃的。除了种地，沈姚付继续经营他的凉粉摊儿，也卖点粉条和花卷什么的。岢岚的冬天，地里的活儿基本没有了。初冬时节，我们见到沈姚付的时候，他正帮着以前的邻居趁着好天气忙场面里的农活儿。只要有空，他就会找点临时的活儿做一做，或者和街坊邻居变工，互相帮忙。他说，只要不闲着，心里就踏实。

当我们问搬到新地方生活的感受时，他说，以前在口子村，我一辈子也见不上 1 万人，现在，两年来，四川、湖南、唐山……全国各地的客人都来过我家，和我们聊天，我差不多见了 10 万人。这见的世面大多了。

沈姚付现在是岢岚县宋家沟新村的名人了。因为很多人到过他的小院，吃过他做的凉粉。他说，他想让自己的凉粉有个名号，好让外面来的人找得到，也想让更多的人吃到他做的好吃的。宋家沟现在是国家 4A 级旅游景区，这里山清水秀，人流不少、故事多多。2019 年，宋家沟实景模型走进了在北京展览馆展出的新中国 70 周年成就展。随着宋家沟的名气越来越大，新农村的发展越来越好，相信沈姚付的愿望很快就能实现，也期待看到他的新春联。

张荣的"牛气"脱贫路

"这头牛 3 岁了……这头乖，这头淘……这头 5 个月，刚断奶……这对是母子……"

位于岢岚县西山水峪贯乡名为千家湾的一片山间凹地，是大化村

"瞧这娘儿俩!"

63 岁的村民张荣一家子的小世界。从 2016 年开始，这里便是张荣、冀二亮夫妇和大儿子、儿媳的主要活动范围。

每头牛的脾性、特点张荣都了如指掌。牛养到五六个月就可以出栏了，价格合适就可以出售。4 年来，张荣通过政府养殖奖补和金融扶贫贷款从 1 头牛开始发展养殖，前前后后已经出栏了十几头，现在存栏 28 头，价值 35 万元有余。"自己买了 13 头，其余都是繁殖的小牛。今年又出栏 3 头，比种地强多了。"张荣说，他养的牛是西门塔尔乳肉兼用牛。

张荣面容清瘦，初中毕业的他，言谈举止比身边的农民多了些文化气质，是村民眼中"有两把刷子"的农民。老伴儿患有骨质增生、

"牛倌儿"张荣

甲亢，常年吃药，农活基本干不成。那些年，张荣一个人种着 30 亩地，拼死累活，一年的收成仅仅够维持基本的生活用度。再加上他腰、膝曾受过两次外伤，生活的艰难有目共睹，精准识别时张荣被认定为贫困户。

"我们这边出路不好，地不肥，收成上不去，再加上我们俩这身体，那日子不穷才怪。"对于曾经贫困的状况，张荣倒是不怨不尤。

怎么脱贫，张荣自己在寻思，乡政府也在替他考虑。2016 年，乡领导给他支招，让他养牛，并告诉他，国家可以提供养殖奖补。10 月，乡领导带着他们到神堂坪乡的山神庙养殖场参观，那天，张荣果断花了 8900 元，牵回了他的第一头牛，这头牛当年就生了一头小牛犊，这让张荣十分高兴。12 月，他又贷款 5 万多元买了 4 头牛。"赊了 5 万元，现付了人家个零头，第二年 2 月就还了 2 万元，当年就全部还清了。"这个成绩，让张荣看到了发展养殖的好处，他和在外打工的儿子商量一起养牛，父子俩一拍即合，儿子也贷款 5 万元，全部用来买牛。牛的数量增加了，又添了儿子和儿媳两个劳动力，一家四口人，一群牛，在山沟沟里组成了一个特殊的大"家庭"，不仅稳稳地脱贫，而且走上了致富之路。

牛圈在现已无其他人居住的麻地沟村，距放牛的地方不远，是扶贫办提供的，有 300 平方米。他们一家人的家也在这里，条件简陋了点儿，但是这家人不仅知足，而且很满意："这么大的山，整个麻地沟村就我们一家子住，不赖啦！"乡政府还专门给他们"一家子"修建了一口 12 米的水井，足够人畜饮用。"吃水不忘挖井人"，对于乡领导的这份关心，张荣念念不忘，不时地提起。

一年到头在山上，就在不远处的大化村的家门常年锁着。牛在哪里，人就在哪里。早上 5 点起床出粪清理圈舍，早饭后割草备料，接着放牛。牛一天都在山坡上，人也在山坡上，牛吃草，人就吃干粮，或用带的开水泡面吃。张荣说，他们一家已经很久不在家吃午饭了。"人吃好吃不好得让牛吃好。"

我们问老张，苦吗？老张淡淡一笑：苦甚哩，咱庄稼人不怕苦。在山上，身形清瘦的老张如履平地。他说，他喜欢山，在山里清清静静，挺好。只想着怎么把牛养好，怎么再扩大规模，养更多的牛。2019年，老张在圈舍旁修建了青贮窖，用于贮藏青草。明年，他准备和儿子重新整修圈舍，"中间走廊，两面各一个食槽，便于清洗、给料"。

儿子把他和牛拍了视频发到了快手上。画面中，牛怡然，人自在，老张看了又看，还把视频转发到朋友圈。

老张说，他每天都看新闻，也通过小视频关注别人怎么养殖。他说，他现在种的60亩草玉米，都是用来喂牛的。将来牛多了，种植面积还会扩大。条件成熟后，他还会发展羊、鸡，让这山沟沟里热闹起来。他说："不好好干，就瞎了这好政策。"

鸡鸣、犬吠，牛吃草、羊撒欢，这是老张心中盘算了无数次的未来，这个未来正在逐步变为现实。

外来的媳妇会"念经"

——记岢岚县黄土坡村刘玉英

2019年初冬，我们走进了王家岔乡黄土坡村一个普通的农家小院。院子干净整洁，农具、柴草摆放整齐。正房门窗破败，看起来很久没人住了。南房一排共4间，房子低矮了些，虽然房间不大，但因为有两扇向阳的窗子，倒也明亮。院子里有一处空置的羊圈。

刘玉英一家就住在这里。房间陈设简陋，最像样的一件家具就是堂屋里的一顶大柜。大柜漆面斑驳，无声地记录着这家人的酸甜苦辣。南房里，与低矮的房子比起来，炕沿就显得有些高了。主人公刘玉英身材瘦小，坐在炕沿上，她的双脚便悬空了。炕上被褥干净整齐，刘玉英84岁的婆婆丁福娥坐在炕上。因患脑萎缩，老人的双腿在三年前基本失去了行动能力，逐渐瘫痪。天气好的时候，刘玉英就搀扶老人到外面去晒晒太阳。有路过的村民看到就会过来搭把手。有人来，老人就会嗫嚅着不断地重复一句话："我拖累媳妇了，三年了不能动……"老人嘴里说着，眼里就流下泪来。"快别这么说嘛，有你咱这才像个家呀！"刘玉英拉着老人的手，不住地安慰着。

刘玉英是四川仁寿县人，14岁母亲因病去世，她和父亲、姐姐生活在一起。1995年，21岁的刘玉英嫁到黄土坡村，丈夫是长她7岁的黄土坡村村民白润林。"说实话，当时对他家的情况完全不知道。那时，公公婆婆都60多岁了，公公患高血压、冠心病，没有劳动能力；婆婆患胃溃疡、脑血栓，行动不便，全家人的生活全靠丈夫种的几亩山梁薄地维持。"刘玉英说，虽然在四川老家自己也是农民，但丈夫一家，连同黄土坡人生活的艰难还是大大超出了她的想象。

刚开始，刘玉英有过离开的想法，毕竟是怀揣着对美好生活的向

沙棘熟了，刘玉英更忙了

往离开四川的。但很快，善良的玉英就打消了这个念头。"这家人虽然穷，但是就像婆婆说的，她是真的把我当闺女看待的。他们怕我吃不惯山西的面食，经常会在蒸莜面的时候给我蒸上米饭，他们一般不炒菜，但要给我炒本地的蘑菇和自家种的菜下饭，我让他们一起吃，他们一口也不吃，让我吃。"回忆起初到黄土坡的情景，说起当时的苦日子，凡听到的人都觉得实在是太不容易了，而乐观的玉英讲的却都是幸福。她总是说："日子苦受苦受累，可是不受气，这么多年来，一家人相处得一直很好。我们村里头的人也是，对我很好，从来没有对我这外地人另眼相看，我家有什么困难，大家看见了就会主动帮助。"

1999 年，儿子出生了。为了改变家里极度贫困的局面，刘玉英和丈夫商量着做豆腐挣点零用钱。她让丈夫借来村里的一个石磨，泡上豆子，试做了两锅送乡亲们品尝，在大家的赞叹声中，刘玉英的心里踏实了。

巧妇难为无米之炊。石磨磨起豆子来太费劲儿，要卖豆腐，先得买一台电磨。而当时家里不要说买磨了，连买豆子也得借钱。刘玉英说服全家，借了 650 块钱买了一台电磨。从此，每天早上 4 点起床磨豆腐，7 点匆匆吃口饭带上干粮出门，为了省时间，多做些营生，往往一走就是一天，晚上 12 点睡觉是常有的事。"春天送粪、耕地，夏天锄地、上山挖药材、采蘑菇、采毛尖茶，秋天收秋、打场，冬天上山剪沙棘。婆婆身体不好，那些年我出了地、上了山，家里卖豆腐、看孩子就全靠老人了。"

刘玉英一年到头只有两天不出工：一天是腊月二十三，岢岚乡俗，小年这一天骡马也要歇一天；一天是正月初一。在她忙里忙外的时候，丈夫每天放羊。在丈夫的辛苦侍弄下，他家的羊靠自身繁殖加上政府补贴，从 4 只养到 100 多只。

2002 年，在老党员的推荐下，刘玉英入了党。2011 年村委换届时，刘玉英连续三届高票当选为村"两委"委员和村妇联主任。

"干部"的身份让刘玉英既喜又忧。喜的是乡亲们对她的这份认可，忧的是作为村干部，她会比以前更忙了。她一直非常感激自己在困难时乡亲们对她的帮助，就是这份温暖，让刘玉英始终没有被生活的艰辛打败。刘玉英觉得，自己的日子和刚嫁过来时相比已经是两重天了，加上国家给农民的各项优惠政策，她有责任和乡亲们一道把日子过好。自扶贫工作开展以来，刘玉英利用自己常年在村居住、熟悉各家情况的有利条件，帮助乡党委和驻村工作队传达精神、报送资料、帮助乡亲们解决实际问题。由于配合有力、工作到位，黄土坡村的扶贫工作开展得有声有色。常年照料两个生病老人的经历，让刘玉英十分清楚老人们在生活中的困难，因此，她经常为吴贵明、李福生等五保户担水、劈柴、清扫院落，用自家的骡子为村里苏春娥、李根林等老人上山驮柴，解决过冬取暖问题。她还组织村里的妇女成立了秧歌队，让黄土坡村的女人们有了自己的文化生活。

外来的媳妇会"念经"，在婆婆和丈夫眼里，刘玉英是"我们家积了几辈子德娶来的好媳妇"，在黄土坡村乡亲们的眼里，刘玉英是"少见的好女人"，在王家岔乡，刘玉英是脱贫致富的典型。只有刘玉英知道，她的日子一天也没有轻松过，而她自己就是一个普普通通的人，她的双手被风霜侵蚀得失去本来面目，她的脸上永远挂着笑容，即使是最艰难的生活，也没有让她失去神采，依然是一张热爱生活的喜气洋洋的脸，那是我们见过的大山深处最美的一张脸！

"二小子，这货来自乡下！"

岢岚县电商中心二楼一块不大的区域里，墙上写着这样一句话："二小子，这货来自乡下！"

二小子，岢岚县大涧乡官庄村人。本名焦小强，在家中排行老

在扶贫超市当售货员

二，熟悉的人都叫他二小子。作为"90后"，2019年只有27岁的焦小强已经有了可堪骄傲的工作和创业经历：17岁只身前往北京，加入北漂行列；先后在知网、北京纽曼、当当网、亚马逊、TCL北京分公司、北京早学好教育科技有限公司工作；2014年3月成立了深圳市乐教电子商务有限公司并在天猫、京东开设了商城店铺，同时开始布局岢岚电商，注册"二小子特产店"……

"有浓厚的家乡情结。尤其是这几年，岢岚越来越好，我从心里觉得，自己也应该为家乡的脱贫作些贡献。"2016年3月，焦小强毅然做出一个决定：返乡创业。对于"二小子"的返乡，和他一起在官庄河里耍大的一帮兄弟首先不理解，当面对他说："外面干得好好的，真不知道你这货怎么想的！"

他们不知道，二小子回来，和他们的兄弟情结也是一个主要因素，"那帮兄弟，好几个都没有个正经营生，说得不好听点就还是小混混"。虽然在外闯荡多年并且小有成就，但二小子仍然保持着岢岚人骨子里的憨厚和敦实，惦记着摸爬滚打一起长大的小伙伴。"他们没过上好日子，我觉得自己面对他们时倒像亏欠下什么了。电商是一个很好的致富途径，外边已经发展得很好了，岢岚还没有一家。我希望带他们从做电商开始，大家一起干，有福同享！"

做电商，焦小强瞄准了岢岚土特产。一年时间，他成功出售包括自家3000斤红芸豆在内的多种原生态农特产品，"我父亲首先很高兴。销路很好，一边销售，我一边在网上看一些营销信息"。焦小强说，这时，他下定决心"一定要打造一张以岢岚为品牌的网货产品。"瞅着家里堆在地上的一袋袋肾形黑豆，他开始琢磨在黑豆上做一篇文章。当下查阅相关黑豆资料，发现岢岚种植的黑豆和《本草纲目》记载的雄豆是一样的，这种黑豆已经具有2400多年的种植历史。这个发现让他如获至宝，当下，他拿了部分样品到省农科院找专家进行鉴定，发现肾形黑豆多项营养成分大于传统的绿芯黑豆。"这么好的黑豆，价格这么低还卖不出去，可惜了。"能否把黑豆进行深加工以后做成一种食品，既提高产品的附加值，同时也能带动贫困户增收？一不做，二不休，焦小强广泛查阅资料，终于发现在中国最早的古医书《五十二病方》里面就有记载"醋豆补肾乌发绝好"的记录。"当时非常激动"，小伙子这样描述当时的心情。

经过多次的实验，2016年7月初，焦小强开发出了"二小子醋泡黑豆"，请专职设计人员设计了产品包装，宣传广告语是："当山西老陈醋遇上岢岚肾形黑豆"。产品上市短短一个月，竟然成为风驰山西的网红产品。一篇网络推文报道《拯救你的白发，岢岚二小子这个妙方太神奇了》，此文3天阅读量突破10万+，当天下单量突破1500罐。"每次收购黑豆，我们都是高于市场价的20%—50%，并签订长期收购协议！切切实实地帮助老百姓增收，并优先雇佣贫困户帮助挑选黑豆！"

帮助大家致富，是二小子的初衷。2016年3月15日，岢岚第一家电子商务公司"山西二小子电子商务有限公司"挂牌，二小子焦小

变身主播，直播带货

强任董事长，公司也成为首批入驻岢岚大学生创业园的企业。"龙头产品有了，接下来就是培训岢岚青年做电子商务，2016 年 3 月由焦小强发起的岢岚县第一期电商培训班正式启动，参加培训的都是岢岚人，大多还是熟悉的弟兄，当然是免费的！"焦小强介绍，挂牌后，短短 2 个月时间，开设淘宝网店 45 家，培训岢岚本土人才 600 人次。他还受邀在神池、阳泉、大同、太原多地授课 23 次，培训人次超过 4000 余人。在此期间，公司收购贫困户黑豆 6.3 万余斤，小米 10 万余斤。

公司形成一定的规模后，二小子考虑再增加产品品种。"岢岚人都有恋家情结，所以就从家乡味道入手。"经过多方考察，2018 年 4 月，"山西豆家族食品有限公司"正式注册在阳坪乡阳坪村，目前，工厂已经投产运营，主营酱腌菜系列养生产品，岢岚五宝（酸、甜、苦、辣、咸）、醋泡黑豆、腊八蒜、醋泡姜、醋泡花生、芥菜丝，名为"五味俱全"，包装盒上写着"老家味道——酸甜苦辣咸"，广告语就是"这货来自乡下"。"这货"，是岢岚后生们相互的"昵称"，同时也指产品，一语双关。

11 月 6 日，"五味俱全"正式通过食品安全认证，"二小子"焦小强非常开心。"政府免费为我们提供办公场地，物流仓储等，机遇十分难得，我心里充满感恩。下一步，我希望有更多的岢岚有为青年加入我们的队伍，大家一起投入我县脱贫攻坚中，为家乡脱贫尽一份力！"

回乡短短两年，二小子多次为岢岚产品代言，为岢岚人代言，他在省、市级创新创业大赛中分别获得二等奖和一等奖，获得山西农村青年电商专业人才奖等多项荣誉，被山西青年创业就业服务中心聘为"农村电商联盟"首批特约讲师。

目前，二小子已经成功注册"二小子""赵家洼""王家岔"商标，为了证明产品的功效，他还建立了一个"二小子醋泡黑豆大咖群"，每天提醒群内顾客按时吃黑豆。"我就是希望外界了解岢岚、记住岢岚，让他们不仅知道岢岚是个好地方，而且知道咱岢岚还有值得信赖的好产品。"自称"喜欢折腾"的"二小子"焦小强如是说。

专心一份爱，专注一扇门

位于岢岚县高家会工业园区里的山西尚晋家居有限公司，2019年 9 月正式运营并投入生产。公司是集自主研发、设计、生产、销售于一体的大型高档铝合金门窗企业，截至 2020 年春节前，已达到实木门产量 7200 多套，钛镁合金 7000 多平方米，实现利润 90 万元。

公司负责人郝世明，出生于 1986 年，岢岚县岚漪镇玉龙村人。回岢岚创业之时，他在湖南常德经济开发区拥有常德市规模最大、品

团队建设，注重团结、高效

种最齐全的现代化门加工企业，企业占地 6000 平方米，目前拥有尚晋家居、好事名门、彦熙尚品三大品牌，荣获中国绿色环保推荐产品、中国著名品牌、中国著名商标等国字号殊荣。

郝世明的创业之路，从 2003 年开始。

2003 年，"非典"令国人记忆犹新。那一年，是郝世明人生的一个拐点。那一年，他 17 岁。

正月十五刚过，家里还沉浸在过年的氛围中，郝世明说服父母，决定从岢岚去往省城太原。郝世明弟兄三人，父母务农，收入甚微。或许是生活压力太大，郝世明想要外出打工，父亲也表示支持，儿子第一次离开家出远门，这个老实巴交的农民，把家里能找到的钱零零整整都给了儿子，数了数不到 200 元。郝世明说，这笔钱是从小到大父亲给他最多的一次，拿到这一沓钱，他天真地以为，这钱已经很不少了，够花一阵子了。从父亲手中接过钱，他暗下决心：从此再不向父亲要钱，干不出个样子绝不回来。

一丝不苟，精益求精

离开小山村，省城的繁华让这个农家少年一时炫目，之后是一片茫然。干什么，从哪里干起？白天大街小巷转悠，不放过任何一个招工信息，晚上就在火车站找个地方过夜。离开家，他才知道这 100 多元钱实在不经花，虽然一顿饭只舍得吃一碗面，或买一个饼子，但兜里的钱还是很快就见底了。最难的时候，一天只吃一顿饭，后来，身上竟连坐公交车的钱也没有了。生活用最严肃的面孔给郝世明上了人生第一课，这些经历让他明白：繁华是别人的，天上不会掉馅饼，只有奋斗，才不会饿肚子；只有靠自己，才能站住脚。

半个月后，他被某商贸公司聘为推销员，公司提供住处，任务是推销背背佳。第一次推销，他拿到了 45 元钱提成，这个数字，按他当时的生活标准，已经足够一周的花销了，这无疑让郝世明信心大增。说起自己挣的第一笔钱，郝世明毫不掩饰当时的满足——挺开心！

刚刚有了点起色，找到了一点在省城生活下去的资本，"非典"的到来，让这一切终止了。从 2003 年"非典"来袭到 2010 年，他一路从太原到西安，又从西安到北京，再回到大同，中途还在老家岢岚开过饭店。最好的时候，是为北京某公司推销醋，三个月完成公司一年的销售额。2009 年，他成了家，当了父亲，一年收入终于突破 10 万。每一单都是他风里雨里跑出来的，而那时他的主要交通工具就是一辆电动车，每天可以轮流用完三四个电瓶的电。郝世明笑着讲述这些过往，对经历的苦很不以为然，他说，"生活好转，一切就都是值得的"。

2011 年，在朋友的介绍下，郝世明去了湖南常德，从做塑钢门窗开始，涉足门加工行业。刚开始只有 200 平方米的厂房，雇不起员工，他就和弟弟自己做，两个人、一身劲儿，是他们的全部资本，"再难也要坚持，不给自己留退路，就有了出路"。兄弟同心，其利断金。在弟兄俩的共同努力下，厂子由 200 平方米的厂房，扩大到现在的 6000 平方米，员工由 2 人，到 4 人，到现在的 40 人，2014 年，他们成功注册商标"尚晋家居"和"好事名门"，"好事名门尚晋家居厂"正式挂牌。"尚晋"，取"上进"的谐音，同时提醒自己不忘故土；"好事名门"，是他的姓名的谐音。两个商标，是他的事业发展方向：一方面以加工各类门为主，另一方面增加更多品种，让顾客在一个地方就可以满足多种需求。目前，他的公司已成为常德市家居行业品种最齐全的一家，而以诚信为本的经商之道，也让公司产品成为很多顾客的首选。他用自己的奋斗历程，生动地诠释了一个道理：拥有成功的光环，苦难才会成为勋章。

公司不断做大做强的同时，郝世明不忘给自己充电，学习、考察、参观，他跑遍了除新疆、西藏外的全国大多数省市。"观念领先了，才能做出领先的产品。特别是在学习中可以接触到各行业的优秀人才，这个投资的成果是隐性的，也是长远的。"

2019 年，在时任高家会乡党委书记郭靖宇的介绍下，有感于家乡岢岚的营商环境和发展势头，考量再三，他决定在岢岚办一个分公司。他的这个想法一说出来就遭到了全家人的反对。"弟弟、爱人的想法都能理解，毕竟那边已经有了很好的基础，而这边要从零开始，面临着资金、场地、客源等各方面的压力。"郝世明说，这个时候，是郭靖宇的全力支持给了他信心。在乡党委的协调下，他在原主要进行红芸豆深加工的芦芽春科技有限公司处租下了现在的厂房，2020 年，他以融资的形式在岢岚经济开发区自建占地 23 亩的厂区。"打通南方市场和北方市场，让'尚晋'家居走向全国，让公司每一个员工、每一个用户都以'尚晋'为荣！"

从 2019 年 9 月回岢岚至今，他只在春节期间回家住过 4 天，平常就是通过视频和家人聊天。郝世明的爱人是和他同在北京打工时相识的，两人感情笃厚。郝世明说："已经开始，就要走下去。我要用成绩让她知道，当初的选择没有错。"

尚晋家居的口号是"专心一份爱，专注一扇门"，相信凭着这份专心和专注，以及吃得了苦、跑得了路的劲头，郝世明和他的公司成就的将不止是一个个更好的家，还有一扇扇通往幸福的门。

再穷不能没志气

这是岢岚县神堂坪乡团城村一个普通的农家院落，羊圈、院墙处分别有十几只羊咩咩叫着，大的、小的、嬉闹的、歇息的、吃奶的，各自怡然。屋子里干净整洁，柜子、灶台上一尘不染，各样物什整洁有序。

主人苗全婵，2019 年已经 61 岁，身高明显低于常人，肩膀倾斜厉害，但思维清晰，说话有条理，行动利索，待人接物落落大方。

老人是个苦命人：先天性骨骼发育畸形，造成斜肩，身高不足1米3。矮小的身材和肩部难看的凸起，让她从懂事起就把"美"从自己的生活中去掉了，穿衣，合适就好；小时候，她无法和别的小姐妹一样跳绳、踢毽子，别人玩的时候，她只能一个人默默地看，永远是"靠边站"的那一个；她本天资聪颖，酷爱读书，上学时成绩名列前茅，但因为身体问题，初中毕业后，她被推荐上高中却未被录取，只能回家帮父母带3个妹妹1个弟弟。记忆里，她几乎从来没有享受过同龄女孩子的快乐；25岁，经人介绍她从安塘村嫁到团城村，丈夫长她3岁，患有先天性癫痫病，婆婆肺气肿，公公有眼疾，夫家兄妹5个，因为家庭困窘，大哥至今单身，她一过门就要侍奉公婆，做一家人的饭，还要做农活，以她单薄的身材，其间艰辛可想而知。

身体的残疾一度让苗全婵自卑、苦恼，埋怨母亲没有把自己"生成个人"，但当她接受了这个无法改变的事实后，也同时获得了积极面对苦难的态度，更加珍惜人与人之间的情谊。甚至在健康的人都愿意认命的时候，柔弱的她却不信命，愣是用残缺的肩膀扛起了一家人的幸福。

丈夫郭富贵患有癫痫，一年总会发病几次。发病时口吐白沫，浑身抽搐，她的心里时常绷着一根弦，对丈夫关怀备至。在她的精心照料下，丈夫55岁以后，竟然再没有发过病。公婆身体不好，她数年如一日侍奉老人，嘘寒问暖，如同亲生女儿，老人在世时逢人就说娶了个好媳妇。患肺气肿的婆婆86岁去世，去世前老人的儿女都决定放弃治疗了，她仍坚持让老人住院治疗，让老人的寿命又延长了两个多月，最后安详离世。大哥2019年73岁，多年来，她一直让大哥和他们一起吃饭，让老人"孤"而不"单"。她过门后，小叔子小姑子相继成家，几家人一直和睦相处，特别是公婆去世后，她带给弟弟妹妹的，便是家的温暖，而她多年如一日的坚韧和善良，也博得了弟弟妹妹打心眼里的敬重和爱戴。

　　俗话说，贫贱夫妻百事哀，苗全婵不信这个理，她常说的话就是："再难的路也得走，人穷不能穷志。"天性里的乐观，让苗全婵一家的日子不仅过得安稳，而且越过越红火。这些年，从娘家给她的两只羊开始，苗全婵开始发展养殖。丈夫身体好转后也可以专门放羊了，现在，借助扶贫贷款，她家里养的羊达到 120 余只。"只要有辛苦，有志气，这日子就能过好。"苗全婵说。侍弄这一大群羊，绝不是一件轻松活，所有养羊户都有同感：人可以一顿饭不吃，羊却一口水也不能给耽搁。为了这些羊，瘦小的她几乎没有休息的时间。"养羊是个辛苦营生，但是，人活着还能怕吃苦？没有苦哪来的甜？"朴实的话语，朴素的道理，让人对这个身材矮小的女人不由得肃然起敬。

　　2017 年年底，苗全婵家顺利摘帽，退出了贫困户的行列。对此，苗全婵最想说的就是感谢党的好政策，"国家给提供的优惠政策加上驻村工作队的帮扶，真是帮了咱大忙了。"丈夫连连说："多亏了她！"有人说，当贫困户领的救助多，"出列"吃亏了。苗全婵的回答是："贫困又不是一件光彩的事，我觉得咱靠辛苦致富，比甚都好。国家帮

苗全婵与家人、扶贫工作者在一起

扶，咱也得自己走。出列才光荣哩！"

老人已过六旬，身体残疾的阴影在她身上早已荡然无存。儿子在五寨打工，孙子个头已经超过奶奶。老人除了自己养的一大群羊之外，和老伴还耕种着 25 亩地，这些年来，不仅还清了给儿子娶媳妇借的钱，而且有了存款。老人对现在的生活非常满意："我们领着低保、残疾补助、退耕还林补助、粮补、电费补贴、独生子女补贴，还有贷款贴息，不少啦！人得知足哩。我就希望我们老两口身体硬朗些，日子像芝麻开花，节节高！"

注：苗全婵，"仝"，当地人读作"觅"（音）。

耕一片田，植一个梦

每天天不亮进棚，天擦黑才回家，至少 10 个小时在大棚里和泥土打交道，这 10 多个小时里，"90 后"小伙袁晓华唯一的交流对象就是自己的母亲，这样"不见天日"的生活就是他的生活常态。

袁晓华在大棚里培植的是羊肚菌，眼下，正是出菇的时候，割菇、装箱、运回家去晾晒，他和母亲比平常要更加忙碌。

生于 1996 年的袁晓华是岢岚县西豹峪乡马家河村人，2017 年山西林学职业技术学院园艺专业毕业。小伙子戴一副眼镜，穿着迷彩服，在大棚里割菇，浇水，记湿度、温度，测量长势，一丝不苟。要不是事先了解，你会以为他不是大棚的主人，而是回乡体验生活的大学生。事实上，走出校门不久的他，从头到脚还是一股子书生气。

在校期间，小袁就随导师、山西省食用菌种植专家张江萍参加食用菌栽培理实一体化实训，大二开始担任食用菌实验室管理员，负责并参与各类实验项目，如羊肚菌菌种制作、羊肚菌孢子分离、平菇菌

袁晓华

种制作、香菇菌种制作以及灵芝、大球盖菇等生产管理实验。他还参与山西羊肚菌野生种质资源调查及标本采集项目。在这个过程中，他从太行山脉的运城夏县到汾河谷地的晋中，从吕梁山脉的忻州，到晋北的朔州、大同，经过各地资源调查，基本摸清山西全省的野生羊肚菌资源分布及相关品种类别，并做种质分类和标本收集制作。

2017 年大学毕业后，袁晓华入职贵州的雪榕生物科技有限责任公司，他在公司技术调控部工作，负责管理工厂化生产和生育调控技术。至 2019 年两年多时间，聪明好学加上一股子执着劲儿，他基本掌握了食用菌全流程生产控制点和生育调控技术，并得到部门领导的重点培养。随着技术经验的成熟，回乡创业的念头像岢岚山上雨后的蘑菇一样，挡也挡不住。2019 年，他毅然辞去优渥的工作，放弃优越的工作待遇，拎起行囊返乡创业。

初期，他抱着试试看的心理，在家乡马家河村试验羊肚菌大田小拱棚栽培模式，结果因本地高寒气候条件所限，栽培失利。说起这个

收获时刻

"失败"，小伙子呵呵一笑："其实，这个也是事先估计到的，就是抱着个试试看的心理，觉得这种模式更容易推广。失败了，那就从头再来呗！"仔细分析原因，总结经验教训，他开始计划着再次试验种植。在马家河村支书徐顺平的悉心帮助和协调下，在铺上村承包6个1亩到2亩面积不等的大棚，试验温室栽培模式。这种模式，其实就是他从上学时就参与试验的模式，于他而言，管理更加熟练。这次，他有十分的把握。

2019年10月，他们全家总动员，利用半个月的时间，把荒草丛生的大棚整饬一新，接着开始购置菌种并种植，同时自己制作营养袋。"每天登记温度、湿度，虽然信心充足，但仍然不敢有丝毫大意。"

2019年2月下旬到3月上旬，6个大棚分别出菇。看着小小的蘑菇相继探出圆圆的小脑袋，到针尖状，再到幼菇、成菇，"每一点变化都让我感到非常激动！"说到出菇，袁晓华脸上露出了灿烂的笑容。

他说，大棚里虽然没有人，但是他"顾不上寂寞"，每天有很多事要做，这些可爱的蘑菇，就是对他最好的奖赏。而他自己，则乐在其中，不言愁苦。

袁晓华的母亲闫建琴 2019 年 49 岁，勤快、利索、能干，在村里除了种地外，还在农闲时节做家政工作。儿子返乡创业，她就放弃家政，到大棚给儿子当助手，同时陪伴他。小袁的父亲袁建平在村里当护林员，哥哥在邮电局上班，有空就会来看看他们。闫建琴说，早年举家欠债培养孩子上学，希望他们能到城市里去生活，没想到现在孩子主动要回来和土地打交道。这个朴实的女子一边忙着采菇，一边笑盈盈地说："回来就回来吧，做他喜欢的事，只要他喜欢，我就高兴。"说话间，充满了做母亲的满足和骄傲。

小袁说，自己小时候就见村里人每年去采野生蘑菇，对蘑菇可以说是情有独钟。他是从大人们口中得知这种样貌酷似羊肚的羊肚菌十分珍贵，营养价值极高。上大学时，他就有意选择了和种植有关的园艺专业，当时就明确毕业后要回到家乡培植食用菌。现在，这个愿望实现了，他正在通过抖音小视频、朋友圈、网上销售等各种手段打通销售渠道，"在种植的基础上，将来我会扩大规模，成立菌种加工厂，吸引更多的人参与到食用菌种植中，把农业产业做大，让我们岢岚的羊肚菌及副产品能上更多人的餐桌"。

学以致用，报效家乡

——记水草沟村孙越峰

天地生人，有一人应有一人之业；人生在世，生一日当尽一日之勤。勤劳是中华民族的传统美德，同时也是干事创业、实现伟大复兴中国梦的根基。众人拾柴火焰高，伟大复兴中国梦是需要全国人民共

水草沟村欢迎您

同努力才能够实现的。在这个过程中，激发每一个普通老百姓的自身发展动力是我们应该大力提倡的根本的脱贫举措。岢岚县李家沟乡水草沟村村民孙越峰便是其中一位脱贫致富的典型代表。

孙越峰，2019 年 40 岁，全家 4 口人，是李家沟乡水草沟村的种植大户。当年走出大学校门的他，也和众多的年轻人一样，在异地他乡各处打工，时间久了，虽然解决自己的温饱没有问题，但是他始终感到没有归属感和价值感。用他的话说，挣多少钱，心里也没有个依靠。后来他看到国家政策向农村倾斜，而他的父母也已年迈，再加上他每次回到老家看到大片荒芜的土地没人耕种时，心里很不是滋味。大学生为什么不能回家种地？这个念头一冒出来，他便豁然开朗。随即辞掉了工作，毅然决然地回到了水草沟村，挥动镰刀、开动拖拉机带领乡亲们用自己的双手改变贫困的面貌。

自脱贫攻坚战开展以来，他深知水草沟村人少、耕地多的现状，便积极参加村里成立的种植专业合作社。在国家开发银行山西省分行驻村工作队的帮助下，孙越峰家购买了拖拉机，种地的面积大幅提

丰收了

升，收入也明显好了起来。2018 年年末，孙越峰家年收入达到了 8 万元左右，在水草沟村名列前茅，带动村民积极利用农机开展种植。2019 年，孙越峰除种植自己的 50 亩耕地外，还承包耕地 80 余亩，入秋又是好收成。孙越峰说："现在的日子真的是越来越好了。"他的干劲更大了，信心更足了，也为全村的贫困户树立了一个好榜样。

在庄稼地里他是能手，回到家中他还是一个好儿子。孙越峰孝敬父母那也是被十里八乡的百姓称赞的。在脱贫攻坚战最紧张的时期，他始终积极配合村"两委"、包村干部、第一书记和驻村工作队一边入户走访，一边在大田里劳作，忙得不可开交，就在各方面工作初见成效的时候，父亲身患心脏病和脂肪瘤需要手术，他只好白天放下手头的工作，专心到医院陪护父亲，晚上再加班加点完成组织交给他的任务。那段时间他几乎没有休息，消瘦了不少，但脸上没有愁容，他知道生活就是这样，要保持好的状态。

每当走进孙越峰在水草沟的大院子，都能看到鸡仔们嬉戏奔跑，院子里的物件摆放整齐，窗户玻璃都明晃晃的。这都是孙越峰的母亲

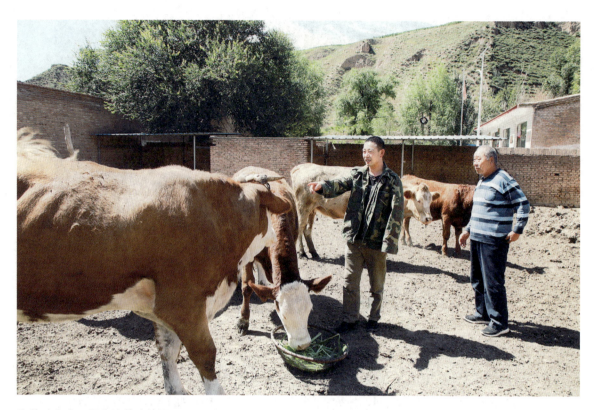

和养殖大户一起交流养殖技巧

　　在背后的默默支持。她说："真是感谢党，感谢政府呀，自从脱贫攻坚战开始，我们越峰就好像找到了自己的事业，他有使不完的劲，干不完的活。我们做老人的也明白，只有自己努力，才能在帮扶下走向富裕。我们不能给越峰拖后腿，一些力所能及的事，我们也一定要做好。"

　　2019 年退出脱贫户后，孙越峰并没有忘本。他将自己的发家致富的心得和机械化种植的经验技能与当地村民共同分享。如今在他的带动下，水草沟村已发展种植大户 10 余户，大家纷纷表示："乡党委政府和帮扶单位为我们创造了这么好的机会，说什么也要好好干"。"能有今天，离不开孙越峰对我的帮助，我愿尽我所能去帮助需要其他帮助的人，希望大家一起过上好日子。"

　　这就是岢岚县李家沟乡水草沟村的一名平凡的脱贫攻坚践行者。

"今天，咱就唠唠产业发展！"

和乡亲们一起观看《榜样》

也许孙越峰所做的只是广大脱贫攻坚战场上的冰山一角，但他却成为"学以致用，报效家乡"的致富带头人。在他的带动下，水草沟村全体村民在乡村振兴的康庄大道上昂首阔步，走出了豪迈的步伐。

回家创业心志坚

——记马家河村红旗示范户吴永明

当整个村庄还在沉睡时，马家河村吴永明家的灯已经亮了，那盏灯是漆黑夜色中的温暖，是这个家庭的希望，也是吴永明夫妻心中的梦想。

吴永明全家曾在外打工，各种活都干过，凭着勤劳的双手，夫妻俩可以在异地他乡落脚，也可以过上不错的日子。但是在吴永明的心里，始终有一个田园梦。他和妻子常常回忆儿时在村子的田野里奔跑玩耍的情景，也常常留恋家乡虽然贫瘠却充满温暖的日出而作日落而息的日子。虽然在外面打工可以挣到比种地多的钱，但是，他们始终想着的还是有朝一日能够回去，守着自己的一方小院，依靠勤劳的双手开创美好的生活。

境随心转。2016年国家号召回村创业，许多政策向农村倾斜，吴永明敏锐地感觉到了新的机遇似乎近在眼前。于是和妻子商量是不是该回去了。那时，他们在打工地的日子也开始稳定下来了，孩子们也分别在那里上了学，回来意味着放弃，意味着还要面对新的挑战。但是凭着一股子农民的执拗劲儿，他们没有过多地计算得失利弊。他们想，到哪里都是要靠双手创造的，我们还害怕吃苦吗？走，回家去。如果说希望，那片土地便是希望；如果说梦想，那片土地便是梦想。简单地收拾几天，他们立马回家。当年春天便在村子里承包了50多亩土地开始种植。心里装满了希望，干起活来就有无穷的力量。

秋收时节

　　吴永明的妻子是外乡人，打小嫁过来就从来没有嫌弃过这个家，一进门就是当家的好媳妇，干净利落，还十分吃苦耐劳。从小她就记得妈妈有做豆腐的技能，这时候回到村子里创业，她不畏惧起早贪黑，大刀阔斧地开起了豆腐坊。做豆腐的人都知道，没有十二分的吃苦精神是万万开不成豆腐坊的。凌晨三点多就得起床磨豆、生火，点豆腐需要非常专注和细心，火大了不行，火小了也不行，不停地搅动、观察。那口盛放豆浆的锅直径1米多，灶台也十分高大，矮小的她站在凳子上，拿着大勺不停地搅动，时不时地添加浆水，满屋子豆香浓郁，热气腾腾，甜蜜油然而生。但是如果重复的动作连续做好几个小时，且一年365天，天天如此时，还能不能感受这份生活的甜蜜滋味呢？在吴永明妻子的脸上，看不到喜悦和悲伤，只有平静与和谐，偶尔会仰起头活动活动脖子，偶尔会说一两句话。豆腐便是在这样的气氛中做成的。上午 10 点，村民都会在广场上等待这锅豆腐，那时候，吴永明的妻子又变成了一个卖豆腐的小贩。她人好，豆腐做得也好，每天最少能卖一锅，遇到村子赶集的时候会卖两锅，当然，那时她全天基本上是没有休息时间的。

除此之外，吴永明还开了一个 60 平方米的酒坊。马家河村离黄河比较近，气温全年比县城要暖和，湿度也要高一些，适宜高粱生长。了解这些后，吴永明想起了在外地打工时，曾见过自制酒坊。经过和村委会以及驻村工作队商量，他决定自己种高粱自己做酒。想到就做，当年他就用自己的高粱米做酒，酒越陈越好，他把酒放到坛子里密封起来，等待时机成熟了就装瓶出售。不仅如此，他们夫妻俩在国家政策的帮扶下还养了 110 头绒山羊。事情越多，吴永明越感到自己的知识欠缺，他忙里偷闲还会和妻子一道参加县里、乡里、村里举

夫妻同心，其利断金

办的各种培训班，学习种植、养殖技术，学习电商及销售方面的知识。他们不怕吃苦，也懂得自己是赶上了好时代，一定要抓住机遇好好干，所以，每天他家的灯一定是村子里最晚熄灭的，也是最早亮起来的。

吴永明以自己的实际行动验证了老祖宗的那句话："夫妻一条心，黄土变成金。"他们回乡创业的思路是对的，他们能够脱贫致富也是必然的，他们虽然是千千万万回乡创业大军中的普通一员，但是在他们的身上映照着的是新农村的壮丽画面，代表的是中国农民坚忍顽强的奋斗精神。

小菠菜带来大收成

岢岚地处山区，历来都是农牧业区。岢岚农村想要富起来，最后还要归到种植业和养殖业上来。把地种好了，日子肯定会好起来。这一点，岢岚县岚漪镇北道坡村的党支部书记王云深有体会。这两年，他敢想敢干，从种小菠菜、建冷鲜库开始，带着周边的农民兄弟，走上了一条靠种地脱贫的好路子。

王云所在的北道坡村离县城非常近，人多地少，村里有不少闲散劳动力。王云说，作为村干部，他"一直在找一条适合我村长期可持续发展之路"。

2018 年，王云通过市场调查，决定建一个冷鲜库，用来储存岢岚周边盛产期的蔬菜。6 月，在岚漪镇的支持下，1000 立方米的冷鲜库动工，10 月竣工。那时的岢岚天气已经开始冷了，冷鲜库无人问津，王云和村里的年轻人刘磊一起承包了冷鲜库，储存了 10 万斤香菜。可惜，那一年春节香菜市场不景气，加上没有经验，建冷鲜库时没有安装专用变压器，冷鲜库的制冷机坏掉了。等香菜价格涨起来的时候，库里 10 万斤的香菜已经全部腐烂倒掉了。王云的第一次致富实践宣告失败。

只要有方向，办法总比困难多。王云看着一计不成，又继续另一个计划，那就是种菠菜。因为头年试种成功，王云决定 2019 年扩大种植菠菜的面积。于是，正月初三，大家还在欢度中国年的气氛中，他就开始联系山东的技术员。正月初七，山东寿光市牛头村擅长种菠菜的技术员马效先乘火车来到岢岚。王云安排老马住在自己家，每天白天带老马出去看地，把岢岚东、南、西、北川的地都看了个遍，晚上回家跟老马交流怎样种植、怎样销售。正月十四，王云跟老马探讨了种菜合作意向，老马为他们算了一笔账：种菠菜亩产 2000 斤、保底 1 元、一年两茬，加割菜工资每亩可收入 6800 元，而传统的种植结构玉米、土豆、谷子等亩产最多也就是 2000 元左右。划得来，于是，在镇领导的支持下，王云很快流转了岚漪镇坪后沟、梁家会等 5 个村 640 亩土地，每亩价格 440 元，老百姓每亩地比往年流转出去增收 300 元，大家都很乐意转给王云他们。

4 月 7 日，王云播下了第一批菠菜种子，同时，他们联系了菠菜销售商签订了菠菜种植回收合同，公司保底价至少 1 斤 1 元回收。到了采收菠菜时，公司保底价 1 元给了，但 140 亩大概产出了 4 万斤菜，产量远远低于预期的亩产 2000 斤。王云他们猜想是不是管理问题或者方法不对，于是，第二批种植的时候，用了菜商推荐的两个技术员的办法，亩产提高到 1400 斤，可是用人、用肥、用种子都比老马要多，每亩需要投入 1700 元左

王云

右，算下来，投入跟产出不成正比，辛辛苦苦忙活半天，还是赚不到钱。怎么办？后来，菜商答应每亩给王云2200元。300亩菠菜割完，王云他们几个合作伙伴亏损30多万。原来想自己先干起来，找到一条靠种地致富的好路子，带着乡亲们一起致富，没想到费心费时费力却收入甚微，村里老乡一看，都没多大兴趣，王云不知道哪里出了问题，心里很焦急。

7月7日，王云一直记得那一天。他和合作伙伴们受邀来到乌兰察布市兴和县菠菜基地，乌兰察布的菠菜质量不及岢岚的，每亩能收到5500元。原来，岢岚气候凉，种出来的小菠菜口感很好，深受深圳香港市场欢迎。了解到市场行情，王云和一直看好他们的赖老板合作。他们的合作方式是和赖老板共同投资一起种，收获后拉到深圳卖掉，共同分红。按现在的行情每亩年纯收入可达到4000元左右，市场前景看好。

找对合作伙伴之后，王云的菠菜种植风生水起，资金迅速回笼，之前承包的冷鲜库也有了用处。自2019年以来，他仅支付130个工人的工资就用了110万。园区长期用工30人，包括旋地的、播种的、施肥的、安装喷管带的、装车的，每人每天120元工资，割菜工人每天需要100多人，每人每天100—200元，周边村子里闲散的劳动力纷纷派上了用场。王云说，这些割菜的老乡，经过这样的劳动锻炼，明年都成了熟练工，用心一点的明年就是技术工，收入会越来越高。

收割季节，那些在城里陪读的村民，送娃娃上学后也跑过来，割两个小时菜回去，也能赚个几十块钱。菠菜收割季俨然丰收节，王云的菠菜基地很热闹，人头攒动、大家说说笑笑、一派丰收景象。王云他们天天守在菜地里，心里乐开了花儿。菜商只收第一茬20厘米的菜心，所以割完菜心之后那些新鲜的菠菜，王云都让大家随意收割了去吃。那段时间，附近老百姓的餐桌上，几乎家家都有菠菜。

王云说，岢岚农民大多种了一辈子地，最拿手的营生就是种地，从种地上找出路，反而更容易一些。王云和合作伙伴们决定抓住这来

收菠菜的娘子军

之不易的商机，明年要扩大种植规模，种植菠菜 500 亩、白菜苔 500 亩、茼蒿 200 亩。他说，2019 年种的菠菜就当是一次大面积试种，做个示范，他欢迎更多的乡亲加入进来，扩大产业规模，带动更多劳动力就业，大家一起致富奔小康。

农民吕如堂的人生变奏曲

宋家沟东村标处，有一处空地。村民吕如堂家在村标西侧，习近平总书记视察宋家沟时在村里讲话的照片，就挂在他家的墙外。

2017 年，55 岁的老吕带着老伴从老家甘沟村搬迁出来，旧村离城 25 公里，吃水得到几里之外去肩挑。老吕虽有 90 亩土地，但种一

在三棵树广场和村民们一起聊天，是最惬意的事了

半荒一半，收成全要看天气，为了生计，农忙之余老吕还要到城里打工。虽然不富裕，但在大多常住户都是鳏寡孤独者的甘沟村，老吕一家已经算是幸福人家了。

2017 年，按照吕如堂家庭搬迁意愿，老吕全家搬迁至宋家沟中心集镇，享受易地搬迁补助政策，获得旧房屋和宅基地回收补偿款 2 万余元。搬到新家，还没有举债，这让老吕非常开心。

新房子在宋家沟村地理位置优越，出门往南就是通往村外的马路。然而，住在新房子里的喜悦还没有平息，一场意外车祸就从天而降。车祸中，老吕永远失去了心爱的女儿，儿媳的一只眼睛也失明了。祸不单行，妻子患甲状腺癌，半个月就要去太原看一次病，这让一家人的生活瞬间掉入冰点。精准识贫中，老吕被动态调整为贫困户。

大多数时间，吕如堂都和牛在一起

"这是我过去的家，烂得不像话。"

"没有国家帮扶，我这日子咋过，想也不敢想。"老吕话不多，每句话似乎都要在心里捂暖了才会讲出来。车祸发生后，他收到政府临时救助款2万6千元，作为贫困户，妻子看病大部分可以报销，乡里还照顾他当护林员，每月能收入800元，"还有退耕还林、粮食直补、能源补贴等，感觉自个儿有困难了不是一个人扛，领导们都在替我操心"。来自政府的关心，让老吕重新找回了发家致富的信心。

2018 年年初，县里在旧村原址上盖了 1000 平方米的集中养殖圈棚，鼓励有养殖能力的农民发展养殖。老吕再也坐不住了，他开始多方调查。听说肉牛市场稳定，风险较小，老吕就思谋着养牛。养牛成本大，虽然有养殖补助，但远远不够，老吕就动员村里搞过养殖的 7 名贫困户以入股的形式通过贷款一起买牛搞养殖，"国家帮扶，咱再动起来，日子才能好起来"。老吕早年在外打工，是大家眼中"见过世面"的人，所以，他认准的事，大伙儿都支持。

第一次会议上，老吕给大家拿定了主意：就养西门塔尔牛，价格不贵，适应咱这气候。按照扶贫政策，每户可申请到的 5 万元扶贫贷款，能买 3 头牛，每头牛政府还给补助 3000 元。1 年内小牛就可以出栏，3 年不仅回本，还能见到效益。"风险咱们一起承担，3 年之后肯定能还清贷款，我相信不会差！"老吕看着大家。"同意，好日子风吹不来，说干就干！"大伙儿响应着。如此，宋家沟村贫困户自发成立的第一家养殖合作社源利合作社揭牌了。

在这 8 户组成的合作社里，老吕自己贷款买了 12 头牛，领到了 3 万 6 千元的补助，加上其余 7 户的 21 头牛，合作社已经小有规模。2018 年 5 月，老吕开始了他的"牛倌"生涯。现在，合作社存栏 47 头牛，还售出十几头小牛。"养得多才能挣得多，今年出栏的小牛卖的钱买了草料也剩余不多了，我思谋着再买十几头牛，扩大规模。"

现在，老吕的老伴在城里帮儿媳妇带孩子，儿子打工，他每天在甘沟村放牛。老吕说，累是累，但心里是高兴的。宋家沟的新房子他隔几天便骑着摩托回来匆忙

新家，新生活

照料一下，每次回来，他都会看看墙上挂着的习近平总书记的照片。"总书记来咱宋家沟，我有福气，不仅握了手，还搭上了话。"老吕说起来仍然难掩激动。老吕说，自己是老党员，摆脱贫困更应该起带头作用。

谈到未来，老吕充满信心。

大山深处一"牛人"

一个村子，两个人，一处简陋的房子，一群牛，风餐露宿，这就是赵勇和他的妻子马秀娥两年来的全部生活内容。

村子叫旧舍窠村，隶属岢岚县岚漪镇，距县城将近50里，大多数路段是石子路，村子方圆十里没有通讯信号。2017年，在易地搬迁中，村子原14户常住户除分散安置的外，大多集中安置在了县城广惠园小区移民新村，彻底告别了原来穷困、窘迫的生活，随着他们的搬出，旧舍窠村成了一个地理意义上的名词。

同年，在旧舍窠村村民喜滋滋迁入新居的同时，岚漪镇东街村50多岁的赵勇和他的妻子选择了迁入，和他们夫妻俩一起迁入的，还有77头牛。由此，赵勇成了现实意义上的"牛人"：牛是他和妻子的全部生活，他们喂养的77头牛，折算下来固定资产至少80万元，每年出栏十几头小牛，去掉草料费用，最少可到手5万元左右。村子拆迁后，周边地段都是牛的天然牧场。虽然对于他们来说，这个地方几乎等同于世外，而远非桃源，但牛不缺吃喝了，他们就是满足的。

"老百姓不怕受苦，有盼头就好。"这是赵勇常说的话。没有养牛之前，赵勇在县城靠卖豆腐、豆芽、粉条为生，做豆腐、粉条是非常辛苦的，夫妻俩没日没夜地辛苦劳作养育一双儿女，日子过得紧紧巴巴。为了改变生活，赵勇曾经养过大车，结果因为没有经营经验，欠

赵勇和他的牛

下一屁股债，2014 年被东街村识别为建档立卡贫困户。

虽然被认定为建档立卡贫困户，但生性不甘落后的赵勇从来没有一丝等、靠、要的思想，从定为贫困户的那天起，就决心努力靠自己的双手早日走上致富路。2017 年，经过多方考察和全面考量，他决定走养牛致富这条路。"决定开始养牛，就做好了吃苦的准备"，赵勇说。于是，在镇政府和东街村委会的支持下，赵勇联合 77 名贫困户办起了肉牛养殖合作社，用政策补助和贷款购买肉牛 60 余头，在搬迁移民后的舍窠村办起了养牛场。

养牛场办起来了，但舍窠村路不好走，地理位置偏僻，一辆摩托车是赵勇进城买办生活用品的主要工具，他的妻子自从来到这里就没有再离开过。初次养牛，加之 2017 年冬天一场大雪封山 6 个月，牛从山上失足滑下来摔死的、冻死的加起来有十几头，冰冷的现实狠狠地给了他一个下马威。"妻子伤心地恸哭"，说起这事来，赵勇的痛也是无法遮掩的。第二年，牛没有生产，但年底，他仍然卖了几头牛给每户社员分红 1000 元。"说话要算话。钱可以挣回来，人气丢了就挣不回来了。"赵勇骨子里有着北方汉子的担当。按照协议，2019 年，合作社社员每人将再获得 1000 元分红。

一边总结经验，一边向老养殖户讨教，2019 年，养殖场状况开始好转。随着小牛犊的出生，养殖场见到了效益，赵勇终于看到了曙光，心里谋划着要把牛养到 100 头。对于父母在村里养牛这件事，赵勇说，儿女都不赞成，不想让他们受这份苦，但赵勇说："必须坚持下来，坚持才能胜利，没有坚持就没有成功。我现在还身强力壮，不想闲着，养牛嘛，总得 5 年之后才能看到成果，不能半途而废。"

我们去的时候，赵勇夫妻俩正在吃饭，一人一大碗热乎乎的面条，赵勇还自倒了一杯白酒，对这份属于他们自己的生活滋味，夫妻俩自有一份心安理得。

为了避免牛在冬天再出现意外，赵勇在山那头的焦山村以一个月 500 元的价格租了养殖场，并于我们去的第二日赶着他的牛进行了一场将近 6 个小时的迁徙。他们在外地打工的儿子也特意赶回来，和父母一起"搬家"，人和牛终于在天黑前从舍窠村到了条件相对好些的新养殖场，他们将于次年春耕后再回到这里。

相信，迎接他们全家的将会是一个崭新的春天。

群众致富的义务"包工头"

见到岢岚县神堂坪乡安塘村支部书记、主任李忠义的时候，他正在村外不远处养牛场的小家里。外面的玉米地已经收割了，风带着黄土吹过来的时候还能闻得到些许煤味。走进屋里，却是一室醇厚的鲜奶味。不时有人打电话，或者找过来，说的话题很多都谈到"找个工作"，李忠义都笑着答应。他说："我们全村现在没多少闲人，只要他们愿意干，保证他们有活干、有钱赚。"

李忠义是 2014 年当上村主任的。在那之前多年，他和驻地部队合作搞养殖，猪呀、羊呀、牛呀、鸡呀，统统供给了部队，因为他既有想法又讲诚信，大家都信得过他，他供应的肉蛋奶很受欢迎。在乡亲们眼里，他就是那个对人友好、靠勤劳致富的能人，所以他这个从外地搬过来的"外来小户"获得了村里人的认可，当选了村干部。村里的干部也信任他，他的"两委"班子里，很多都是历届的老支书老主任，大家都愿意扶持这个班子里最年轻的干部，把村里的工作搞好。李忠义说，他知道，大家都盼着他带着大伙儿致富呢。

致富带头人李忠义

安塘火车站周边修了四个煤台，村里的土地被征用了不少，地里的活儿不太繁重。为了让大家良性揽活，不用为了一个工作你争我抢，李忠义和村委会组织 18—60 周岁的劳动力在自愿的基础上成立了两个装卸队，有活儿的时候轮流上工，煤台如数付给大家工资，公平公道，一年可以赚 3 万—5 万元。村里给找活儿干，保障工资到位，有事还负责去跟用工方协调，大家心里都很踏实。装卸队的收入按照

共话致富经

　　计划提留一部分用在村里日间照料中心的日常维护和村容村貌的整治，大家都没意见，还会觉得自己也是为村里出了力的。

　　听说江苏工程机械的租赁公司要来这边发展，李忠义通过朋友联系上了他们，他们租了地，并签了协议优先雇佣安塘村的劳动力。李忠义把有手艺、懂工程的年轻人白有才等介绍给了公司，目前，3个大工已经到位，小工和其他职位随时会招工，按照规划，仅这一项全村每年可以收入30万—40万元。

　　村里有个姓张的村民，自己爱喝酒，有两个上学的孩子，过得不好，两口子经常为此吵架。李忠义找上门去，介绍张家媳妇去附近的宾馆做保洁，推荐姓张的老兄去煤台收煤，一个月可以赚到4000元。有活儿干了，有收入了，两口子不再吵闹了，日子也过好了。街坊邻居看着也为他们高兴。作为村里的支书，李忠义把自己当成了全村人的大家长，他最乐意看到的是乡亲们都能过上好日子。遇上懒汉，李

和妻子一起喂牛

忠义的办法就是不断地去做工作，逼着他们干活。他欣慰地说，村里原来有 6 个光棍，现在剩 3 个了。他想让大家都动起来，靠自己的能力过上好日子。

当村干部之前，李忠义就是个能人，靠着种地养殖收入颇丰。现在他忙着替大家伙儿操心，又有很多公务，家里几十头猪靠父亲，上百头牛靠媳妇和亲戚帮忙，家里承包的 120 亩土地，播种和收获都靠农机，他自己反倒干得少了。有人问他图什么，他算了一笔账出来：2014 年村里年人均收入 2860 元，到现在增加到了 8760 元。就凭着这一组不断增长的数字，李忠义就觉得自己是值得的。

如今，安塘村进村的路宽敞笔直，日间照料中心常住的 19 位老人吃得好、歇得好，2019 年还装上了暖气。安塘村越来越好了。李忠义心里一直还有一个梦想，就是和乡亲们建一个宽敞明亮、能够安居乐业的新安塘。李忠义坚信，只要不懒，目标都会实现的。

郝永光和他的造林合作联社

　　从岢岚县城经岚漪大道向西出发，不到 20 分钟，就到了阳坪乡赵二坡村。路边是一处在农村已经很少见的宽敞院落，正面 7 眼窑洞，南面 5 眼窑洞，门面一应是白色瓷砖。中间一眼窑洞的东侧，挂着两个牌匾："岢岚普惠造林专业合作社"和"2018 年度山西省省级农民合作社示范社"，落款是山西省农业厅。

　　屋内，堂屋是办公室兼会客室，有一张在农村很难见到的大办公桌，墙上是以"撸起袖子加油干"几个字为主的背景墙；里屋的墙上是四个字"天道酬勤"，沙发旁边，还有一台小型跑步机。这里是郝永光和父母的住所，同时也是合作社的办公地点，房子是 2017 年在原几近坍塌的老屋的基础上翻新的，屋内陈设虽然简单，但显然有不同于一般农村人家的气息。

郝永光

郝永光，赵二坡村人，1980年生，2001年五寨师范学院毕业，2006年在保德县创业做润滑油生意，2009年在省城太原注册成立山西泰发润滑油贸易有限公司。经过近10年的努力，郝永光的润滑油业务已经遍及晋西北多个企业、厂矿，润滑油年销售额稳定在800万元左右。

"一个人富裕不算富，带领身边的人共同富裕才算富"，这是郝永光的人生信条。2016年，已经在省城站稳脚跟的郝永光说服家人，把女儿送到寄宿学校，儿子送到寄宿制幼儿园，公司托付给朋友照料，自己毅然选择了回到家乡赵二坡创业，成为普惠造林合作社的负责人。

"我们村虽然穷，但我对她有感情，我想凭自己的力量改变些什么。"十几年在外打拼，郝永光骨子里仍保持着对乡土的朴素情感。但让他没想到的是，自己捧着一颗心回来，合作社却在创办之初就遭遇了极大的阻力：没人愿意加入合作社。大多数贫困户很看重自己作

"我骄傲，我是合作社的一员！"

为"精准贫困户"得到的各项政策扶持，对加入"合作社"后是否仍能享受政策扶持充满了怀疑。对于乡亲们的担心和顾虑，郝永光没有一点抱怨。"能理解，毕竟是新事物，作为农民，大家已经习惯了传统的农作方式。"于是，他一户户地走访，一遍遍地讲解，耐心地解答大家的疑问，1 户、2 户，终于有 25 户表示愿意加入。费尽口舌，几经周折，历时 5 个月，合作社终于注册成功，并获得了省林业厅颁发的造林资质。

拿到相关证件的时候，郝永光默默地对自己说："一定不能辜负乡亲们对我的期待，一定要扑下身子带动大家一起富裕。"

当年年底，他给 25 名社员每人送了 1 件棉衣。2017 年春合作社正式运作。造林期间，郝永光给社员统一发放了服装、凉帽、保温壶、下火药，中秋节给每人发了 3 斤肉、1 盒月饼；年底给全村人都送了 1 袋白面，还给社员发了 500 元的红包福利。用郝永光母亲的话说就是"孩儿太心善，就差割自己的肉了"。2018 年腊月二十三，郝永光在自家院子里召集社员和村民热热闹闹过小年，村里的锣鼓队、秧歌队都加入其中，下午联欢，晚上一起吃饺子，不在村里居住的本村人听闻后也都赶回来了，这是村里很多年来都没有出现过的热闹情景。据不完全统计，当天参与者超过百人，这次活动乡亲们好好地叙了一回旧，着实感受到了"乡里乡情"四个字的温度。

更让大家感到开心的是，自合作社成立以来，2017 年、2018 年社员劳务总收入达 617730 元，两年人均收入达到 17890 元。2018 年 6 月，郝永光又注册了"普济"小杂粮加工合作社，当年高价收购乡里贫困户积存难卖的粮食，其中光红芸豆就收购了 1 万斤。

2018 年 10 月 28 日，郝永光被村民选为村主任，同年，普惠合作社被评为省级示范合作社。合作社现有社员 52 人，吸纳了赵二坡村、赵家洼村、宋木沟村所有具备劳动能力的贫困人员。2019 年，合作社牵头联合另外 6 家合作社，承担了 1 万 1 千亩绿化工程，组织和带动 211 户贫困户年增收 9000 元，真正实现了在家门口就能赚钱的梦想。而郝永光呢？一头是盼他回家的妻儿和他苦心经营起来的公司，一头是对他寄予厚望的乡亲和年迈的双亲，每周奔波于两地，他常常每晚只能休息不到 6 个小时。郝永光说，乡亲们不会表达，但分红的时候，我能真切体会到他们的喜悦，"累点没啥，作为这个村的一员，能带动大家共同富裕，这就是我的价值体现"。

续：2020 年 5 月 29 日，山西恒森园林绿化服务有限公司揭牌，公司吸纳全县 12 个联合社、77 个脱贫攻坚造林专业合作社，郝永光任总经理。

一把红笤帚扫出致富路
——记前西豹峪村党支部书记崔景波

说起岢岚县前西豹峪村党支部书记崔景波，乡亲们没有一个不竖大拇指的。自 2014 年岢岚县吹响精准扶贫攻坚战的冲锋号时起，崔景波便开始为如何带领乡亲们脱贫致富出谋划策了。他是一位精明强干，细致有为的带头人。原本学医出身，是村子里的医生。任命党支部书记后，他一边继续行医，一边带领乡亲们攻坚克难、锐意进取，走出了一条致富奔小康的光明大道。

"扶贫先扶智，脱贫先脱愚"，崔景波深深懂得，只有学习才能让老百姓的头脑变得灵活起来，思想才能够得到解放，学习要首先从党员干部抓起。他先后组织党员干部群众政策学习 200 多场，多次举办大型观摩表彰活动，通过微信平台每天都要转发各种宣传政策的信息，还利用村里的大喇叭，用通俗易懂的语言让老百姓明白国家的惠民政策、脱贫攻坚的总体目标以及时间要求，多渠道、多手段让群众和村干部一起做到扶贫政策清，享受政策明，脱贫信心足。

小扫帚扫出幸福路

有了一定的理论基础，接下来他的主要目标放在了实干上。如何让老百姓真正通过自己努力生活得到改善，并且能够依托可持续发展的经济实体，真正摘掉贫穷的帽子呢？

前西豹峪村气候相对比较干旱，发展蔬菜种植肯定不是最好的。

崔景波发现可以尝试种植"地肤"，俗名又叫"扫帚草"，这种植物适应性强，田间管理比较粗放，占用不了多少时间，不影响村民的其他

和村干部一起商讨党建促脱贫路子

劳动。秋天草叶会变成鲜艳的红色，观赏性很强。冬天农闲时，可以组织村民用扫帚草坚韧的枝条做成一把一把扫帚，销售到城里或者外地。他多方面考察、咨询，又召集党委班子成员及有经验的村民商议，大家都觉得这是一个投入少回报比较稳定的好项目。

说干就干，当年他们就成立了合作社，开始种植扫帚草。当制作的第一批扫帚销售一空时，老百姓受益的不仅是挣了点钱，更重要的是为他们赢得了好名声，县里各个地方只要需要扫帚，就会想到他们村。之后，制作红色的扫帚成了村民农闲时的一件大事，做好的扫帚整整齐齐地码放在乡政府的院子里，任何时候任何人都可以直接取拿，他们的扫帚还利用网络销售到了外地，在全国占有了一定市场。

院子里的红色扫帚，是一种希望，是一种动力，村民们的干劲儿更足了。崔景波以此为契机不厌其烦地宣传本村的绿色生态环境、特色养殖种植产品，定期进行"三最三好"和星级文明户表彰，典型引领村民勤劳致富。"现在的政策好啊！"成了村民经常挂在嘴上的口头禅。过去的"等、靠、要"思想不见了，群众脱贫奔小康的信心真正得到了提升。

用崔景波的话说，扶贫靠政策，脱贫靠大家，说一千道一万，再好的政策不落实都是空谈。他深刻认识到，只有稳定的产业项目，才是脱贫致富的关键。有了种植"扫帚草"的经验，他又成立了由包乡干部、第一书记、驻村工作队、村"两委"组成的脱贫攻坚工作组，为脱贫攻坚提供组织保障。他成立了柏籽羊养殖专业合作社，邀请中央电视台制作专题节目，扩大柏籽羊品牌知名度。他成立了西豹峪扶贫造林专业合作社基层工会，解决村民就业 110 人，年增加村民收入近 100 万元。2017 年村注册成立扫帚草种植专业合作社，解决 40 余人就业，增加收入 26 万元。2019 年在乡党委政府的引导下，前西豹峪村与兄弟村联合成立西豹峪乡搬迁就业家政保洁公司，解决就业 18 人，增加集体收入 5 万元。

崔景波常说，"民心不可欺，更不可弃""考核村干部合格与否的标准就是群众是否满意"。他是这么说的，更是这么做的。前西豹峪村在他的带领下，顺利通过了脱贫验收，村党支部被推荐为新时代红旗党支部，村里涌现出了李平、冯根留、王进财等自主脱贫率先小康红旗示范户，老百姓满意度得到进一步提升，村民们一张张发自内心的笑脸就是对他工作的认可。

"还要感谢亲人们对我工作的大力支持"，崔景波说，他的父亲是一个淳朴的农民，经常提醒他作为党培养的干部，一定要心怀百姓、大公无私，吃苦在前、享乐在后。无论是整村提升还是厕所改造，他都是自己掏钱买材料，自己动手，从不占集体一点儿便宜。崔景波的爱人也说，群众的眼睛是雪亮的，他的付出有了回报，现在村里的各项工作比以前好开展多了，找麻烦、无事生非的人少了，找他想办法、办实事的人多了，他也乐此不疲。

如今的前西豹峪村，水、电、路、网全覆盖，村卫生室达标，群众住房安全率100%，医疗、养老保险全部参保，贫困发生率低于

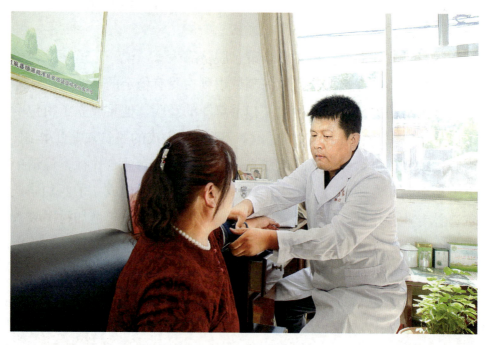

卫校毕业的崔景波还是村民最信得过的村医

2%，集体收入增加，发展产业稳定，就业有渠道，兜底有政策。大家谁也没有忘记院子里的红色扫帚，没有忘记崔景波那一颗秉承为人民服务的初心，没有忘记他带领全村百姓继续在立足脱贫、着眼小康、衔接乡村振兴的康庄大道上阔步向前的伟岸身影！

"90 后"村支书何沫樸的小欢喜

岢岚县高家会乡五里水村，据村志记载，原旧村位于窑脑沟，有泉水一眼顺流而下，河长约五里，故而得名五里水村。村委会在村中央，青瓦泥墙为背景的照壁上是一个砖雕的"福"字，台阶上时常有聊天、晒太阳的村民。要不是照壁后有一面高高飘扬的五星红旗，这里倒很像是一个农家小院。

出生于 1992 年的村支书何沫樸是本村村民何志强家的二闺女，土生土长的五里水村人。虽然父亲请人给她取了个洋气的名字，但姐姐小名叫霞霞，村里人都按当地习惯亲切地称她为"二霞"。二霞到村委会上班，和圪蹴在村委会台阶上的村民热情打招呼，爷爷奶奶叔叔大爷婶子阿姨的一路叫过来，不像是村干部，倒像是自家娃娃回来了，长者亲切，少者欢喜。有时忙，顾不得打招呼，大家就继续聊年景收成，话家长里短，没有太多客气的话，妥妥的一家人的感觉。而单看何沫璞本人，清清爽爽的短发头，素面朝天，走路带风，也不像是个村干部，倒像是放假回家小住的高中生。

2014 年，大学毕业的何沫樸没有像村里别的年轻人一样选择在城市立足，而是通过省政府购买基层服务岗位，通过选拔考试，成为高家会乡政府的一名工作人员，除完成乡里安排的工作外，还协助乡政府做五里水村的包村工作。

虽然是农家孩子，但参加工作前，何沫樸像她这个年纪大多数的

何沫樸和乡亲们聊收成

商讨致富路

农村孩子一样，真正在农村生活的时间其实很少。农村在她们的眼中，就是离开就不应该再回去的地方。

选择服务基层，除了丰满的理想之外，何沫樸对"基层"的现实状况并没有太深的认识，认为农村工作就等同于单一、枯燥。"回来才发现，村里有劳动能力的几户都在外面打工，很多老人孩子不在身边，过得很孤独，我觉得他们就像我的爷爷奶奶一样，就想尽一份力去帮助他们，哪怕只是帮忙取一次药，帮忙取一次身份证，和他们说说话，我觉得都是有意义的。"

真正投身到农村工作中后，何沫樸发现，农村工作没有想象中那么简单容易，特别是扶贫，经常感觉"扶"只是扶贫干部的一厢情愿，很多农民安于现状，不思变，对帮扶并不领情。但是这个女孩子有着一股子倔劲儿：再难，选择了就要做出个样子来，一定要带领乡亲们一起脱贫过上好日子。

2017 年 12 月何沫樸作为返乡大学生被任命为五里水村的支书，当时正是全村脱贫攻坚任务最重的时候。当村支书以来，她带领大家完成五里水村 6 户 21 人移民搬迁，并完成拆迁复垦；为移民搬迁分散安置五保户购置集中安置房并持续跟进服务；在她的努力下，村里通过出租水井增加了集体经济收入；村内老旧水管全部更换，彻底解决了村民的吃水问题；和大家商议后，把村委会后院改建成扶贫车间，引进红灯笼扶贫产业；在村里广泛种植土豆优种，积累了生产经验，增加了农户收入；在她的多方努力下，村里的养猪大户终于搬迁到了村边的新址，解决了困扰村民很久的养猪场问题，此举令村民拍手称赞……

和这份成绩单同步的，是村里人对她满满的喜爱和褒奖。"二霞是咱们村的好娃娃，谁家有事需要她跑腿了，一叫就到。""娃娃办事公道，不说胡话，有什么大事都要在会上公开说。""发地膜、发种子、发种植补助啥的，从来不偏三向四，大伙都从心里头服气哩。""经常组织党员学习，讲政策，讲道理，国家让做甚，不让做甚，党员都是清楚的，好支书！"说起这个"娃娃"，村民们七嘴八舌，每个人都有一本账，每个人都有说不完的话，话语间充满长辈对晚辈的怜爱。

村里年轻一点的都在外面，何沭樸是村里唯一的年轻人，但是小何不仅不抱怨，还有一份小欢喜："顾不上寂寞，礼拜天也几乎在工作状态，作为村支书，就是要随时随地解决老百姓的事情。人人都说年轻人就要有年轻人的样子，我能趁年轻参加到脱贫攻坚这场战役中来，我觉得我的青春是有意义的，值了！"

拳拳之心报乡梓

2019 年 11 月 21 日，岢岚小雪。县城的雪边落边化，宋家沟一带的山川村庄还是被雪轻揽入怀。早上 8 点半，雪中的村庄还是一副没有醒来的样子。

偏道沟村支书张明拴一早赶到村子，仿佛是怕把村庄吵醒，他把车停好，下车步行向村里走去，雪地里留下了长长的一串脚印。整齐的院墙、错落的房屋，袅袅炊烟加上一两声犬吠，让雪中的村庄有了如画的意蕴。

路过井台，亢虎虎老人正在水井边接水，张明拴一边打招呼一边就拿过水管，接好了水，又帮老人把水挑回家里。

安顿好老人，他来到村委会大院。办公室是西厢房，共 6 间，包括阅览室、爱心超市，正房是一排窑洞，住着党三蛋、荣贵成等 6 个五保户和 3 户无房户。老人们都已经收拾停当，在台阶上聊天。"明拴，我这个灶火又流烟，你看看咋回事？""明拴，我估计又是感冒了，你那里还有感冒药没？"看到明拴来，老人们有事的说事，没事的招呼他回家坐坐，暖一暖。张明拴一边安排人扫雪，一边一一给老人们处理问题，一家一家看过去，转眼已是 10 点，他又转身去往 80 多岁的王金全、温改拴老人家里，下雪了，看看他家是否暖和……

2017 年 6 月，一直在县城开着汽车修理厂的张明拴在亲戚朋友的反对和不解中主动请缨回老家偏道沟村当起了村支书。从此，修理厂里的老客户在厂子里再很难见到他，县城的朋友很难再约他出来吃顿饭。他经常不是在村里就是在往返村里的路上，而他的车上，从后备厢到座位总是堆满东西：去村子时载的是大米白面、油盐酱醋、常用药品，回的时候是土鸡蛋、玉米豆角白菜等农产品，俨然一个流动杂货铺。

偏道沟村位于宋家沟乡，距乡政府 12 公里，距县城 25 公里，常住人口 33 户 61 人，党员 16 人，这些常住人口里，最年轻的是 2019 年 47 岁的养殖户李富平。"在村的大多是父辈，儿女在外，看着确实恓惶。人不能只为自己活着，能为他们做多少就尽本事做多少吧。"对于在亲戚、朋友的一致反对中回村这件事，张明拴并没有太多解释，有的是村民都看在眼里的行动：为了带动全村人致富，村集体种植适合本村生长条件的黄花菜 30 亩，这个项目总投资 7 万元，他个人就出资 1 万元；在村东新建集中养殖畜圈 1100 平方米，养殖业繁荣了，人畜分离让村子也干净了；在他的努力下，从县城金鑫合作社争取到 102 亩中药材种植项目，带动 40 户贫困户户均分红 450 元，集体收入 5000 元；他亲自跑腿帮助村民办理自助贴息贷款 85 万元（5 万元/户）元；2019 年，他利用自己的人脉资源、自己出运费帮助村民出售土豆 10 万斤，为村民拉煤共 35 吨……除此之外，夏天，他给村民家家户户送西瓜、防暑饮品，冬天，他给村民送保暖衣、门帘，利用个人关系自出运费；他常年帮助农民出售土鸡蛋等农作物并义务送货上门；中秋节，除月饼之外，他还给五保户、贫困户每户送了两袋饺子……

"有明拴在，我们感到很踏实。事他给办，路他帮跑，人他帮我们求，这两年多亏了他了。"村委会院内，说起明拴支书，老人们交口称赞。

各项收支、奖补张贴上墙

　　2017年11月29日，在进村的路上，一场意外的车祸让张明拴四根肋骨断裂，仅仅一个月，张明拴就出现在了村委会的办公室，"给大家发慰问品，安置过年。说不疼是假的，但是过年前不把这事给办好，觉得对不起大家"，张明拴说。紧接着是整村提升，3个月的时间里，全村修建、拆除房屋2700平方米，一方面是各项施工事宜，另一方面还要向相关群众讲解政策，他硬是忍着尚未痊愈的病痛坚持天天到村，在偏道沟的蜕变中，谁也不知道，作为支部书记的张明拴付出了多少。"没有一点私心，拿出心来帮助咱老百姓。"这是大家对他共同的评价。

　　几年来，张明拴带领村"两委"成员和全村父老乡亲，把曾经闭塞、破败的偏道沟村，变成了现在党员干部积极创业、带头致富，群众安居乐业、睦邻礼让的乡风文明红旗村。作为全村的领头人，张

张明拴成了村里老人们的亲人

明拴用实际行动在最基层的岗位上诠释了一个普通共产党员的初心，也让小村庄在脱贫路上不仅没有掉队，而且走上了一条健康发展的通途。

书生杨侠的乡土情怀

"适应性强，食量小，饮水量小，抗病力强，易于养殖。养一头驴的收益相对较低，但大规模养殖比较划得来，利润虽然平均一头赚得会少点，但是销量大，一般人们选择养猪、养牛的多，这反倒让驴供不应求……"

　　说这些话的是杨侠，见其人、闻其声，"侠"气隐约，倒是更有几分书卷气。当大多数同龄人在谈论潮流、时尚的时候，驴，成为出生于 1985 年的返村大学生杨侠与人交谈以及搜索引擎中出现频率最高的字眼。杨侠说，他上网看得最多的也是养殖、出售驴子的信息，他不仅会处理驴子的一些突发疾病，给驴子吃药、打针、输液，也会接生、护理幼驴，他笑言，自己不仅是"驴友"，而且是"驴头"了。

　　2014 年，在县教育局办公室当干事的杨侠于而立之年到来前夕，做了一个令所有人都意外的颇显豪情和"侠气"的决定：回自己的家乡温泉乡土鱼坪村创业。多年来，像很多农村一样，土鱼坪村只有一个一个离开就再也没有回头的年轻人，不断老去的村庄已经没有生气可言。如果说，杨侠刚开始的决定在很多人听来还是"年轻意气"的话，当他以一口地道的乡音出现在大家面前，对村里的牛羊驴子土圪垃窑洞不仅不嫌弃，反倒还显得格外兴奋时，村里被他称为叔叔婶子大爷大娘的乡亲们放心了、踏实了。

"春天，这里将是万亩核桃园！"

"回来，就是要好好干的。"这是书生杨侠的初心。

当年 11 月，杨侠当选为土鱼坪村副主任，当时的支书兼村主任是 60 多岁的张银翔老人，老支书对正在开展的脱贫攻坚工作和相关的新政策一知半解，杨侠虽然是新人，但实际上已经承担起了村里脱贫攻坚的相关工作。2017 年换届中，杨侠正式当选为村支书兼村主任，成了乡亲们口中也是心里的"当家的"。

"年轻人有活干、有钱挣；老年人不愁吃、不愁穿；村庄环境优美。"这是杨侠心里理想的农村。为了让这个理想变成现实，杨侠一回到村里就开始琢磨着怎么干，干什么，从哪里干。他一户一户走访，分析村子的发展形势，多方求教，不断拓宽思路，针对本村特点，确定了发展养殖业、种植业的路子。2017 年，在省煤炭地质局的帮扶下，杨侠组织 18 个党员领办养驴合作社，辐射带动 41 户党员贫困户参与分红，2018 年每户党员贫困户分红 1500 元，现在，驴子已经发展到 87 头；成立了种植合作社，吸收 39 户贫困户参与种植富

和县乡村干部畅谈产业发展大计

硒谷子，按照"合作社＋农户＋企业"的模式，农户自己经营，企业统一回收；聘请有关专家组织党员干部群众进行技术培训，送技上门；维修 2.5 公里农田路一条，完成全村土地确权 1506 亩；打造富硒谷子园区，种植富硒谷子 291 亩，谷子秸秆冬天正好用来喂驴；引进核桃树种植，流转山地 2000 亩；在新农村建设中，同时完成了村"两委"活动室改造，完善了公共设施，建立健全了治保会、红白理事会、治安巡逻队，并设立了村组卫生保洁员。回村 5 年来，他还带领全村常住的 40 多户把原有的 60 亩果树陆续扩种到现在的 170 亩……在由里而外的治理下，如今的土鱼坪村春天是花园，秋天是果园；村容村貌焕然一新，看得见、触得到的幸福，让村子成为全体村民的幸福家园。

村子活了，说杨侠在农村的事业风生水起，一点也不为过。

"'侠'，古时主要指扶危济困，路见不平拔刀相助；新时代，我想，'侠'，就是要把党的政策不折不扣地落实到老百姓头上，把好事办好"，杨侠说。2018 年年底，土鱼坪村整村脱贫。说到未来，杨侠只谈了六个字："继续干，加油干！"不洪亮，却掷地有声。

第3篇

脱贫路上领跑人

他们，也是父母手心里的宝，但是在老乡家里，在下乡路上，他们就是老百姓的服务员、联络员，是老百姓眼中不是亲人胜似亲人的"帮扶干部"。他们有的是第一书记，有的是驻村工作队队长或队员，有的是包村县、乡干部，有的是村干部，在老乡口中，他们有一个共同的名字：共产党员。

在岢岚县脱贫攻坚过程中，一共有4000多名来自不同地方的帮扶干部扎根基层，把党的政策一项一项落到实处，把党的温暖送到老百姓的身边。他们是老百姓脱贫路上的领跑人。

让我们向他们，也向这个伟大的时代致敬。

幸福是奋斗出来的

——记岚漪镇党委书记刘建新

岚漪镇在岢岚县是个人口大镇，全镇人口 4.1 万。同时，岚漪镇也是岢岚县贫困面积大、贫困程度深的镇。全镇原有行政建制村 38 个，其中贫困村有 21 个，占 55%，全镇有农业人口 1.73 万人，其中建档立卡贫困户 1568 户，贫困人口 3521 人，占全镇农业人口的 20%。经过 3 年的脱贫攻坚，2017 年年底全镇 21 个贫困村全部出列，2018 年全镇有 134 户贫困户摘帽，贫困率下降到 1.5%，向党和人民交上了一份满意的答卷。而这一成绩的取得，与岚漪镇党委书记刘建新的艰苦奋斗是分不开的。

2017 年 6 月 21 日，习近平总书记在视察岢岚县时，肯定了易地扶贫搬迁的做法。为了扩大这一扶贫方式的战果，把处于岚漪镇四沟三山之中常住人口不足 50 人的山庄窝铺从大山中搬出来，并且搬得舒心，是刘建新给自己定下的工作目标。但是他没有莽撞行事，没有马上着手这个工作，而是利用一个多月的时间，一户一户走访，一村一村调研，一定要把每家每户的实际状况和真实想法摸清楚了，才能开展工作。这是保证"搬得稳"的前提。

通过大量的走访调研，他发现真正急切想搬迁的户不足 5%，而 95% 以上的户并不想搬迁，而不想搬迁的原因可分为以下几种：第一

现场指导搬迁工作

种是故土难离；第二种是怕搬迁后过不上好生活；第三种是住不起、住不惯大楼房；第四种是懒散惯了不适应；第五种是种养大户；第六种是孺子牛型的，儿女在城里，收入不高，全靠在家种地接济子女；第七种是候鸟型的，冬天住城里，夏天回村，搬迁一旦土地复垦，再种地可就难了；第八种是算账型的，左算右算住在村里合算；第九种是想搬搬不起的。面对如此复杂的情况，他深知肩上的责任重大，也深知工作的难度，但是他并没有气馁。接下来他的首要工作是召开工作会议，详细讨论搬迁工作的各种细节。他要求每一位干部都要给搬迁户诚诚恳恳地讲清政策、讲清原则、讲清奖补标准，并采取一户一策、三议两公布的方法，使搬迁户真正感到能搬愿搬。

大兴调研之风，的确是赢得民心的好方法。在入户调研时，刘建新要求全体干部一定要提前给老百姓吃好定心丸，还特别制定了三条硬规定：一是群众不自愿、不主动的一律不搬；二是不得随意开口子、

刘建新在岚漪镇毛绒玩具厂现场办公

胡应承欺骗群众；三是不许留任何后遗症。也正是因为前期工作做到位了，所以工作开展得比较顺利。这一年秋天，仅用了 40 天的时间，岚漪镇 13 个村 568 户就顺利拆迁完毕。他们不仅做到了二年任务一年完，而且真正做到了搬迁搬得心情舒畅，为全县整村搬迁撕开了口子、蹚出了路子，全县在岚漪镇还召开了现场促进会。

　　然而，搬出来只是万里长征第一步，接下来如何让搬迁户真正安心生活才是重中之重。为此，刘建新想尽了一切办法。他积极内引外联，成功把新大象集团引入岚漪镇，仅一项，就确保了整村 500 多户搬迁户中有劳动能力的人全部就业，实现了稳得住、能致富。另外，刘建新想方设法，调动镇搬迁办的力量，安排有劳力的 131 名搬迁户全部就业，每个劳力平均可收入 2 万多元。加上土地收益、退耕还林，搬迁户户均收入也达到了 2 万元以上。刘建新在工作中的灵气是有目共睹的，为了适应一些家务繁重无法外出就业劳力的需要，他还

给贫困群众送上慰问金

办起了扶贫车间锁具厂，吸收 40 余户贫困劳力参加。在整村搬迁后，为增加搬迁户的收入，他还支持老百姓把复垦的土地全部种上了药材，全镇目前药材种植面积达到了 2150 亩，种植经济林 1500 亩，为全镇长期稳定脱贫种下了富根。

三年的脱贫攻坚，刘建新以实际行动印证了习近平总书记说的那句话："幸福是奋斗出来的。"他以必胜的信念一件一件地抓、一事一事地做，滴水穿石，下足绣花功夫，取得了满意的战果。截至 2019 年年底，岚漪镇集体经济 1 万—5 万元的有 3 个村，5 万—10 万元的有 6 个村，10 万元以上的有 15 个村，村村有了集体经济，户户生活得到了保障，刘建新看在眼里、喜在心上。怀着一份对老百姓强烈的责任感，他深知任重而道远。

是的，幸福生活不是靠幻想能够得来的。还需继续努力，继续奋斗。看着刘建新坚毅的面容，我们有理由相信，未来可期，明天一定会更美好！

续：2020 年，刘建新被任命为岢岚县人大副主席兼岚漪镇党委书记。

赵利生的赤子情怀

2018 年 3 月 12 日

党员干部必备的八把刷子，其中有一把就是"身在兵位，民为帅谋"，就是不为帅谋，也要把自身负责的工作尽心尽力办好。

2018 年 5 月 2 日

扶贫信息系统是我们做好工作的总开关和总钥匙。数据质量好坏是直接反映一个区域脱贫成效的特殊窗口和特殊视角。

钟摆掠过，只伤肌肤；追求不再，方堕暮年。

——青春，无关年龄

2018 年 7 月 17 日

产业扶贫是脱贫攻坚的长久之策，没有企业，没有产业，就没有长效的脱贫。

以上摘自岢岚县扶贫办主任赵利生的《扶贫工作日记》，每一个日期下，除了这样的心得、感受外，还有当天的工作安排、学习笔记、会议记录、问题梳理。日记笔迹遒劲有力，重点工作、重点内容要点清晰，一目了然。从 2016 年 11 月到 2020 年，不过三年多一点的时间，这样的日记，赵利生已经记了 20 余本。这些日记，不仅记

工作笔记

录了他个人的奋斗历程，而且翔实地记录了岢岚县脱贫攻坚工作中的重要事件、主要工作进展情况；不仅赵利生有，参与岢岚县脱贫攻坚工作的干部人人都有。日记封面落款是岢岚县脱贫攻坚领导小组办公室，里面除用于作扶贫工作记录的页面外，还有国家、省、市、县的相关扶贫政策，页脚是习近平总书记关于扶贫工作的重要论述，一本日记，既是工作记录，同时也是扶贫政策一本通、工作指南、励志手册。《扶贫工作日记》无形中成为所有参与脱贫攻坚工作的干部乃至岢岚县的一部简明脱贫攻坚史。部分日记，被陈列在了岢岚县扶贫展览馆，赵利生的一本，也在展柜里。

2016 年 11 月 11 日，时年 36 岁的赵利生就任岢岚县扶贫开发中心（现岢岚县扶贫办）主任。出生于中寨村一个贫穷的农民家庭的赵利生，12 岁时失去父亲，完全靠勤工俭学完成学业，优异的学习成绩丝毫没有减轻生活带来的压力，他比同龄人更加懂得"安居乐业"对农民的意义，也更能体会贫困群众在脱贫路上的担心和忧虑。虽然当了扶贫办主任，接过了县委、县政府交给他的脱贫攻坚大旗，但他常说自己是农民的儿子，根子就在农村："把自己的一亩三分地耕种好是本分，唯有如此，才能上对得起天地时令，下对得起父老乡亲"。

受命于脱贫攻坚之时，他深知责任重大，压力不言而喻，让全县早日摘掉穷帽，对这个"80 后"的年轻人而言，就是一个追梦的过程。

　　凭着从学生时期就养成的学习习惯和"不为困难找借口，只为问题想办法"的工作作风以及一份源于初心的担当，赵利生直面一个个和群众息息相关的问题，在经过深入调研、细化、量化、分析、论证后，他逐一提出了自己的意见和思路。在他的直接参与下，岢岚县"3169"脱贫攻坚行动纲领得到不折不扣的贯彻落实，"4433"精准扶贫工作法稳步推进，形成了"三级联动、一体作战、合力攻坚"的扶贫格局，推行"两报两议"配置项目资金、"544"健康扶贫、健康扶贫"双签约、双服务"到户等机制，科学实施"4510"脱贫攻坚巩固提升的岢岚策略……

　　在这个过程中，同事们不知道他几点下班，爱人不知道他几点回家，女儿说好几天看不见爸爸，不到 40 岁的他经常失眠。小女儿右臂不慎骨折，他只陪了孩子一天就奔赴工作一线，女儿用"到底"造句，写的是："我到底是生的还是捡的？"稚拙的带着汉语拼音的笔迹，让作为父亲的他看了后眼眶湿润，"组织让我挑起了这个责任，这是

研讨脱贫致富之路

检查指导工作

一份信赖，更是一份期望，如果我的努力能够让老百姓都感受到政府给予的帮扶和温暖，让他们的日子越来越好，那么，一切就都是值得的。"

三年来，天天在脱贫攻坚第一线，赵利生坦言，在旧村拆迁、群众入住新房、同志们并肩作战的过程中，自己多次落泪。"无法不用心，无法不带情。"他说，只有带着情感做事，才能把事情做好。尤其是扶贫工作，不只是档案里的数据，更应该是老百姓实实在在能够感受到的变化，是大家从心里认可和接受的做法。

2018 年年底，岢岚全县 116 个贫困村全部达标出列，贫困发生率由 31.8% 下降到 0.38%，两年完成 115 个整自然村搬迁，在脱贫攻坚综合考核中，获得 2016 年全省第二、2017 年全省第四、2018 年进入第一方阵的好成绩，易地搬迁专项考核连续两年全省第一。

面对成绩，赵利生真诚地说："答卷是大家共同交上的，我只是尽了自己应尽的职责。"在扶贫工作中走到不惑之年的赵利生更加持重、沉稳，说起未来，他一字一顿："脱贫后任务仍然艰巨，永远在路上，不敢歇脚，也不敢懈怠。"我们相信，在追梦路上，赵利生必定会向他热爱的故土和父老乡亲不断交上崭新的答卷。

续：2020 年 4 月，赵利生被任命为岢岚县政协副主席。

立足山乡谋发展，产业兴旺促脱贫

——记王家岔乡原党委书记李新旺

2015 年 9 月，李新旺出任王家岔乡党委书记。这个距离县城 20 多公里的乡镇，位置偏远、海拔高、气温低、土地贫瘠，生产生活条件差，9 个自然村零星散落于各沟沟岔岔，全乡户籍人口 846 户 1820 人，建档立卡贫困户 338 户 757 人，当时贫困发生率达 41%。

面对村小、村穷、村散的现状，传统种植养殖业以及中药材、蘑菇等林下种植业遭遇瓶颈，发展受限，李新旺感到自己肩上担子沉重。"脱贫不是简单的买牛买羊给老百姓钱就行，落脚点应该是使贫困户有稳定增收渠道，能可持续发展，王家岔乡的发展要依托自然资源优势，结合县里提出的宋长城景区开发找突破口，这就得在发展产业上做文章。"李新旺提出了抓产业促脱贫的想法，并充分发挥第一书记、驻村工作队和本土能人的带动作用，让大家"八仙过海、各显神通"。

"我是朱家湾第一书记，原来打算将酒厂建立在朱家湾，但经过前期的可行性报告分析和选址，李书记说，咱们眼光不能放在朱家湾一个村里，要放眼全乡，寻找适合这个产业发展的最佳位置，朱家湾整村移民拆迁，寇家村水电相较而言更为方便。"宋老酒纯粮酒坊项

走访群众，了解民情

目是由朱家湾村第一书记张龙云引进忻州市忻府区系舟山农业新技术推广有限公司投资 129 万元兴办，整合各类扶贫资金 63.1 万元入股企业参与经营。

办酒厂遇到的最大困难就是水源问题，地表水量会随着季节变化而变化，冬天比较充足，四五月由于上游耕地春浇灌，导致下游水量不够，影响生产。李新旺得知后，立刻调动人马清理淤泥、疏通管道，对上下游阀门进行控制，解决了水源这一大问题。

"李书记格局大、责任心强，办事效率高，困难不过夜，对我们投资办厂大力支持，跟着我们一起加班加点赶进度，我们都愿意和他打交道。"说起李新旺，系舟山农业新技术推广有限公司董事长苏建林连连称赞。

2017 年 11 月 13 日，是入冬以来最为寒冷的一天，岢岚县王家岔乡寇家村天空依旧蔚蓝如洗。70 多岁的寇环柱老人从外面回来，欣喜地抓住老伴儿正在扫炕的双手，高兴地说："老婆子，咱们赶快

李新旺和贫困户一起谋划致富路子

到村头，县里、乡里来了很多人，听说酒坊今天要分红啦，现场还发放红包哩！"老伴儿嘴里嘀咕着："那酒坊不是才盖起来不到 3 个月吗，这么快就能分红啦！"

在村东头的空地上，有来自县、乡的领导，村干部、第一书记、驻村工作队员，还有 40 来名邻村闻讯赶来的群众，背后不远处的二层土色小楼是宋老酒纯粮酒坊酿造工厂，周边彩旗飘飘，空气中弥漫着老酒的醇香味。虽然室外温度下降到-10℃左右，但分红现场的农户脸上都绽放出温暖的笑容。工作人员对照花名册有条不紊地为大家发放分红现金，听到自己的名字，老寇高兴地上前领到了 595 元的现金和一个红包，挤出人群，和老伴叽里咕噜合计起来，心里乐开了花。

这是王家岔乡寇家村宋老酒纯粮酒坊第一次出酒，也是群众第一次分红。酒坊于 2017 年 8 月 20 日开始建造，到 11 月 13 日出酒分红用了不到 3 个月的时间，涉及全乡 159 户贫困户，共计分红 102150

元。同时，村集体实现土地承包年收益 5000 元。

李新旺认为，王家岔乡小，吸引大企业前来投资的可能性也不大，就是要立足实际，成立联村支部，打破村域界限，发展联村产业，以旅游产业为主线，沿线各村布置各种小业态，发展与旅游相关的各种小产业，即"五个一"产业，包括"一油一醋一水一酒一木雕"，年底按照既定比例实现全乡贫困户分红全覆盖。

在酒厂初见成效的同时，他又打起了"油菜花"的主意。"以油菜种植发展观赏性农业，夏季油菜花盛开将是一大景观，秋季油菜籽成熟还可以榨油，油菜耐寒耐旱，适宜在王家岔这样的高寒地区生长，可观赏、有收入，还能推动旅游业发展。"这不是简单的一个想法、一句空话，而是李新旺心中谋定要为王家岔乡百姓办成的一件大事。

为了发展油菜种植业，李新旺对其生长习性进行了专门的研究。2016 年，李新旺特意跟县里请了假去青海"取经"。"取经"回来就以每亩补贴 200 元开始动员全乡各村老百姓大面积种植油菜。2016 年年底，为了提高产品附加值，延伸产业链条，李新旺与县扶贫办商量整合 50 万元扶贫资金，在废旧宅基地上建厂房买机器建立油坊，由村里的致富带头人经营运作，集油菜"种—产—销—加工"于一体。但由于缺乏科学的营销理念和专业技术人才，产品销路不宽，效果很不理想。

"不能让这个项目就此'夭折'，不能让投进去的那么多人力、物力和财力就此'打水漂'，甚至连个声响也没有。"李新旺再次给自己施加压力。拓宽思路，仔细分析存在的问题，缺什么就从什么地方入手想办法解决。2017 年，充分利用企业的人才管理和现代营销理念，不断拓宽市场，油坊与道生鑫宇有限公司签订合同，建立了"村企"合作模式，企业每年支付 7 万元的承包费，乡政府利用扶贫周转资金入股企业配股资金 25.8 万元，每年给贫困户分红 38700 元。这样一来，不但解决了村集体收入破零问题，同时也带动了贫困户稳定增收。

正是这样，有想法就去论证，论证成熟后就抓紧实施，经过近 3 年的努力，在王家岔乡"建厂落户"的企业有：远沃农牧有限公司、系舟山农业新技术推广有限公司、达康商贸有限公司等大大小小 6 家企业，产业遍布全乡各个行政村。李新旺带领村民真正实现了产业脱贫，为岢岚县整体脱贫作出了应有的贡献。

续：2020 年 6 月 29 日，李新旺被任命为岢岚县财政局党组书记；9 月 9 日，被任命为县财政局局长。

奔跑在扶贫路上的年轻人

"你听说了吗？郭靖宇书记把 2018 年高家会乡脱贫攻坚冬季决战动员大会开在了土豆地里。"

"那是现场会吧。"

"何止是现场会，是现场干。高家会的干部们一起热火朝天挖土豆哩！"

在高家会乡党委书记这个岗位上任职两年的时间里，1985 年出生的郭靖宇不仅让高家会乡政府旧貌换了新颜，在脱贫攻坚的路上，也借着年轻人的优势，折腾出不少动静来。上面被大家谈论的就是 2018 年郭靖宇带领高家会乡干部抢收土豆的事儿。

2018 年初，上任不久的郭靖宇和乡里干部一合计，结合高家会乡产业积淀和优势，将土豆作为全乡主导产业，引进优良品种、建设繁育基地，进行优种推广示范。国庆节过后，乡里土豆优种繁育基地的 500 亩土豆亟待出土、归仓，当时农民都在忙着秋收，乡政府拿着钱也雇不到人。看着土豆蔓子越来越干，郭靖宇很着急，这些干枝被

郭靖宇和党员干部一起查看土豆收成

风吹跑、被动物踏碎，藏在地下的土豆便很难被准确找到。而且随着天气渐寒，500亩土豆被风吹麻、被冻坏的概率越来越高。情急之下，他果断决定由乡里干部们上。第二天，他穿上迷彩服，带着全乡党员干部直奔土豆扶贫产业园区。连续五天，全乡130多名干部全部蹲在田间地头，刨土豆、挖土豆、拣土豆，满身泥土浑不觉，渴了喝点水，饿了就着冷风吃盒饭。第四天正巧是全国扶贫日，经过几天高强度劳动，干部们身心俱疲，郭靖宇顺势把后来被大家津津乐道的"全乡脱贫攻坚冬季决战动员大会"开在了土豆园，既完成工作又提振士气。经过五天的大抢收，大家一共收回了90多万斤的土豆优种。

2019年，高家会乡优种种植土豆1000多亩，种植一级种薯550多亩。为了发展壮大土豆产业，高家会乡建成三个总存储量为1500吨的土豆保鲜窖，同大同高寒所、农大农学院、县农委建立了稳定的技术指导联系，鼓励鑫源绿叶淀粉加工企业和土豆优种集中培育基地建设，加强土豆产业链条的提升。郭靖宇说，找到地域优势，就要举全乡之力实现小土豆大产业，让产业带动脱贫。

脱贫攻坚看的不是口号，而是效果。在年轻的郭靖宇心里，产业扶贫是最能看得见效果的。高家会乡的灯笼加工厂也是乡里的扶贫产业之一。为了解决闲散劳动力、弱劳动力的增收问题，郭靖宇跑了很多地方、看过很多项目。2018 年，他和西会村的驻村工作队经过深入考察，将红灯笼加工这一操作简单、成本低、见效快的项目从河北移植到高家会。2018 年国庆节，佳鑫红灯笼农民专业合作社开业。农闲时候，高家会乡西会村周边 7 个村的 120 余名群众参与了灯笼制作，经过几期培训，灯笼加工厂已经拥有熟练工 20 多人。2018 年腊八节上午，高家会乡首届"红红的灯笼，美美的节"主题灯笼展亮相岢岚舟城广场，2000 多个红灯笼错落有致、悬挂整齐，观者云集。展出一周时间，共销售 2000 余对灯笼，开业以来，红灯笼累计销售8000 余对。现在周边五里水、店坪村的分车间也开始加工制作。郭

"红红的灯笼，美美的节"

靖宇说，看到红灯笼亮起来，老百姓收入增加了，所有的辛苦都是值得的。

传统种植和养殖的产业化发展，也是郭靖宇他们关注的重点。小杂粮种植是岢岚传统农业项目，经过调研，郭靖宇在高家会乡实施了农业园区建设项目。2600 余亩的优质谷子园区、800 亩的土豆优种种植园区、500 亩红芸豆种植园区、覆盖全乡的 15800 余亩小杂粮产业园区在全乡推广开来，共覆盖群众 2107 户 5261 人。农业园区建设助推了农业产业项目的实施，保障和增加了群众种植收入，科学种田也成了高家会乡的新时尚。靠养殖土鸡致富，是郭靖宇当大学生村官时的宝贵经验。在高家会，郭靖宇也结合实际兴起了全乡万只土鸡养殖庭院项目，对全乡有养殖意愿的群众养殖土鸡进行圈舍和鸡苗补贴，鼓励并帮助很多乡亲通过卖鸡蛋、卖鸡增加了收入。

在招商引资带动就业增收的路上，郭靖宇一直都没有停下来。每当有外出学习考察的机会，他都会带上乡里的干部，让大家一起长知识、学经验、开眼界、换脑子，然后因地制宜地创新发展。2019 年，他们引进了尚晋家具厂，第一期投资 1500 万元左右的家装门衣柜门生产厂落户高家会乡产业园区，可解决 60—80 人就业；又引进了箱包配件加工等劳务密集型项目，在大型生产线投产之前，通过技术培训，让高家会周边的老百姓在农闲时可以通过村里小作坊，就近参与手工加工的部分项目，比如拉链加工等，以此来增加收入。

发展特色产业、助力精准扶贫、带动乡村振兴一直都是郭靖宇的目标。这几年，他和同事们致力于对接引进适合乡村发展、适合当地发展的产业，为高家会乡带来更多机会。认识郭靖宇的人都说年轻的他很有想法、也有做法。而他这些有勇气有担当的想法和做法，都成为高家会乡老百姓实实在在的收获和欢喜，让他们的日子越过越有盼头。

续：2020 年 9 月 9 日，郭靖宇被任命为岢岚县行政事务审批局党组书记、局长。

领着乡亲们过上好日子

岢岚县水峪贯乡乡长王海波是本地人。他说："我的童年是在这里度过的，我知道这里的条件有多苦，百姓有多穷，易地搬迁是解决水峪贯乡深度贫困的根本途径。"可是，故土难离，原本的生活习惯要改变，对老百姓来说，是一件大事，也是一件非常难下决心的事。

水峪贯乡是岢岚县地理位置最偏远、生活条件最艰苦、生产条件最恶劣、产业基础最薄弱、群众收入最低的乡镇，是典型的"一方水土养活不了一方人"的地方。2017 年 7 月，乡里因地制宜，根据精准脱贫规划，开始了易地搬迁工作。经过细致摸底和走访，计划搬迁的村里干部群众都不太愿意搬。怎么办？华咀渠村是全乡搬迁难度最大的一个村，距离县城 50 多公里，地处山谷圪梁，平均气温 8.2 度，

王海波在宣传政策，动员、说服村民搬迁

农业条件并不好。乡里干部做了不少工作，但一个多月过去了，全村常住人口11户没有1户愿意搬迁。王海波决定先做村主任张亮才的工作："村看村、户看户，老乡看的是队干部，亮才你是党员干部，你先搬，做个表率，咋样？""乡长，我进城了，养的100多只羊、3头牛咋办呀？"张亮才不好意思拒绝，但十分犹豫。王海波便天天到张亮才家做思想工作，晓之以理，动之以情，9月23日，张亮才同意拆迁，把羊卖掉后买了30多头牛，住进了集体用房，一边护林，一边养殖。张亮才拆迁后，村里的人看到主任拆了房，思想开始动摇，经过乡村干部不断做工作，陆陆续续都同意搬迁，组团开启了新生活。村里一座座旧屋被拆除，全乡易地搬迁工作开了一个实质性的好头。王海波脸上也露出了笑容，他知道，走这一步虽然难，但乡亲们以后的日子肯定比现在要好。

易地搬迁，老乡们更担心以后的日子咋过。50岁的则补塔村村民贾换荣家里有三口人，早年老婆离婚出走，80岁的老母亲和刚刚考上大学的儿子与他一起生活。他养了100多只羊，每年可以收入2万—3万元，觉得日子能过得下去，从来没有想过要离开小山村，也不想离开小山村。王海波找到贾换荣的时候，他开始也是抵触的。王海波就慢慢和老贾拉家常：村里交通不便，手机没信号，一到冬天下雪和外面断了联系。老母亲一旦生病怎么办，儿子将来大学毕业也会在城市发展，回来也不方便。贾换荣觉得乡长像个知心人，一下子就说到了他心里。贾换荣搬迁进了城，可又面临了新的问题，年龄太大找不到合适的工作，于是贾换荣找到了王海波。说去做锁具的公司，贾换荣觉得自己不是技术工，工资不高，不乐意。王海波到处托领导同事，给他找到了县保洁公司的工作，每月2000元收入，生活有了保障，老贾满意了。2018年10月，贾换荣分到了一套75平方米的楼房，自己只花了几千块钱，带着老母亲搬进了暖和的新楼房。如今，儿子大学就要毕业，贾换荣有了稳定的工作，生活越来越有奔头。贾换荣说，易地搬迁是个好事，听党和政府的，就能过上好日子。

　　小化沟村是水峪贯乡贫困村里条件比较好的一个，对搬迁的抵触也大。包村的乡干部到处碰壁，打起了"退堂鼓"。王海波跟他们说："工作不能怕有难度，因为咱工作的目标是让老百姓往好的地方走。"他跟所有包村干部们说："脱贫攻坚是一场战役，我们是干部，也是战士，不能当逃兵。"听完乡长的话，同志们回到小化沟村，晚上继续在村里开会、跟村民讲政策、做工作，但是效果不明显，第二天又来找他。王海波找到了村里顾虑比较大的苗治平。苗治平正值壮年，人又聪明，王海波跟他聊天，鼓励他出去闯一闯，学个手艺做个买卖。可苗治平舍不得离开安定生活。"你看你，人得长远考虑，你三个儿子将来要娶媳妇儿，就咱这村谁家的闺女愿意来？"苗治平听完，不吱声了，后来一琢磨，乡长说的都是心里话。后来，苗治平顺利搬迁，一家人到保德县经营起了铝合金门窗生意，现在一年收入 10 余万元，三个儿子都结了婚，买了房、买了车，提前步入了小康生活。他说，幸亏当时乡长和干部们耐心，人不挪动一下，真不知道还有更好的出路。

　　在水峪贯乡，流传着为了顺利搬迁王海波曾拍案而起的"轶事"。问王海波，他说，那些都是人们传的，工作是乡里领导和同志们一起

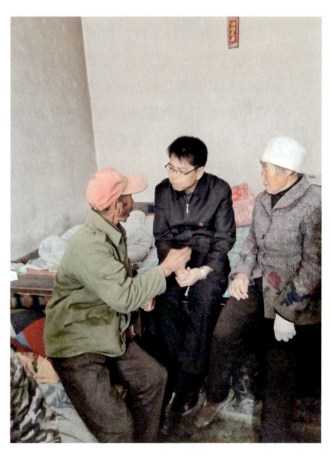

群众的贴心人王海波

做的，他只是被"抓"了个典型。王海波的同事们却说，他是一个有想法有办法的乡长。正像王海波说的，在脱贫攻坚的路上，只要是带着乡亲们往好的地方去，再琐碎的事情他们都愿意去做，只要他们真心为老百姓着想，办法总比困难多。

续：2020年6月29日，王海波被任命为水峪贯乡党委书记。

贫困户离不开的亲人

"2019年2月2日，和刘福有大叔交水费。前天，王三女大娘让帮忙买点菜……想到春节放假，我对刘大叔说：'查查水费、电费，够用吗？不够再交点，春节大伙儿都放假。'"陈福庆厚厚的《扶贫工作日记》里记着赵家洼村建档立卡贫困户在城里新生活的点点滴滴。因为这些他一路帮扶着走过来的贫困户，如今大多住在了岢岚县城集中安置点广惠园小区。为了更好地为贫困户老乡们服务，赵家洼驻村工作队也随安置户进了城，在广惠园小区设立了赵家洼工作站，陈福庆们可以就近"脱贫不脱帮扶，帮乡亲们融入社区新生活"。

2017年6月21日，习近平总书记在视察山西时来到赵家洼村看望了乡亲们。9月，贫困户刘福有、王三女、曹六仁等村民，相继从赵家洼村搬到广惠园小区。他们宽敞明亮的家里挂着习近平总书记看望他们的照片，心里充满了对新生活的期待。王三女每天都会在小区内逛逛，乐呵呵地和老朋友、新朋友打招呼。有政策兜底，他们的生活是有保障的。刚开始，新邻居们看见陈福庆经常对老人嘘寒问暖、跑前跑后，羡慕地说："老姐姐，你家孩子真孝顺，现在这样实诚的孩子真不多见"。后来，大家熟悉了这个"肯吃苦、从来都是笑脸相迎"的帮扶干部，一看见陈福庆就打招呼，跟王三女他们说，福庆这娃娃，就像你们的亲人一样。

68 岁的王三女大娘告诉我们，当初准备搬迁的时候，从户型选择到装修布置，都是陈福庆和工作队的伙伴们给拿的主意，家里置办的东西比较齐全，没操一点心。以为搬进来就不用老麻烦娃娃们了，没想到时时处处都离不开他们。前段时间停水，电视上有过公告，但王大娘没看到，其他几户也都没看到，所以就没有存上水。大家正愁该咋办呀，陈福庆就来了，给他们拉来了水，还提醒他们以后记得时常存些水。

王三女等贫困户家里的常客

一辈子在村里生活，刚进城，住上楼房，乡亲们在生活方面有诸多不适应，得一点一点慢慢学。为了使他们早日融入新村，陈福庆不厌其烦，手把手教老人们开锁防盗门、使用液化气和抽水马桶，领着他们交水费、电费，认路坐车，让他们慢慢适应了新的生活方式。老人们身边没有儿女，陈福庆就把老人们视为自己的父母去对待。王三女大娘生病了，他把大娘送到医院，全程陪大娘看病。在工作队的协调下，把王大娘的两个有智力障碍的孙子送到了忻州特殊教育学校。考虑到大娘会想孙子，他亲自开车带大娘去学校看望孙子。他的一辆红色奇瑞 QQ 车，成了赵家洼村民的公共交通工具。以前在村里，没有小卖部，群众有需要购买的生活用品、农具等物资，他都一一记下，回城时就给他们买上。现在，大爷大娘们有什么需要买的，他就开着小红车带他们去买，从来没抱怨过。陈福庆的电话从不关机，家里有事也许他顾不上去管，但贫困户有事，他总是随叫随到。

手把手教搬迁户王虎仁使用家用电器

别的帮扶干部驻村一般都是两年一轮，陈福庆一帮就是四年。四年来，他帮助贫困户跑遍了县里相关的单位，为了使他们在搬进城后能稳得住，陈福庆四处奔走帮助想找工作的贫困乡亲就业，领着他们参加一场场招聘会，把乡亲们送到新的岗位。王三女大娘不想闲着，几次三番要求做些营生，陈福庆就帮她联系了做小区保洁的工作。老人天天有事做，一个月能拿到1050元工资，干得很开心也很负责。包村以来，他把所包村当家乡，把贫困乡亲当亲人，用自己的真心真意，赢得了乡亲们的信任，和大家结下了深厚情谊。

冬日，夜里9点，正对着广惠园小区大门的赵家洼工作站的灯还亮着。陈福庆安顿好一天的工作，记下了当天的日记，准备回家。我们问他这样辛苦累不累，他说："咱本来就是个农村娃，帮乡亲们干活小事一桩。"他还说，那一年，习近平总书记来赵家洼的时候，握住刘福有的手说"希望你们的生活越过越好"，我们就想好好干，让总书记的祝福成为现实。这是陈福庆与和他一样的基层党员干部的使命，也是他们的初心。

踏实做事铺陈扶贫之路

2015年7月，王志辉被山西省工会选派到岢岚县宋家沟乡吴家岔村任第一书记。初来吴家岔，村里的路坑坑洼洼，一到下雨天寸步难行，村委会房子破旧，村民吃水靠驴驮，手机基本没有信号。村里有11名党员，常住人口基本都是老弱病残。从那时候起，他就下决心要为当地的老百姓做点实事。4年了，一直没有闲下来。问起跟他一同来到宋家沟扶贫的工作队员、村干部和村民，他们都有一个共同的声音：王志辉是个肯做事的人。

要想富先修路，王志辉扶贫的第一件事就是为吴家岔村修路。2015年，在山西省总工会的支持下，王志辉协调乡政府、村委会和龙源风电，由龙源风电投资，村民出劳动力，把村到乡7.9公里公路全部硬化修建了村公路。并在省总工会领导帮助下，为吴家岔村建立了移动信号塔。这样一来，公路和网络都通畅了，老百姓出行方便

王志辉和干部们一起谋划扶贫大计

了，通信便利了，在外打工的村民随时能和家人报平安，工作安心了很多。

种地为生是吴家岔村村民多年的传统。吴家岔村是山区，耕地难，加上留在村子里的都是老弱劳动力，2015年，在王志辉的协调下，山西省总工会为村集体购买拖拉机2台、地膜覆盖机1台、播种机1台、揉草机1台。农机具由村委会统一管理，播种、收割由村委会统一派人帮助完成。村里张大爷说，活了一辈子，才知道种地也可以这么轻松。2016年，王志辉争取资金10万元，为村民修建了50吨的土豆储藏窖，解决了村里土豆种植面积大、储存难的问题，很多村民因此增加了收入。

种地的事情解决了，养殖的事王志辉也上了心。2016年，王志辉推动村里成立东信绒山羊养殖合作社、鑫鑫养殖合作社，积极帮助筹措资金，开展"合作社＋贫困户"的互助脱贫。2016年，合作社购买300只绒山羊集体饲养，带动了10户贫困户每户每年分红500元，连续分红3年。2017年，合作社购买46头牛，带动贫困户16户每户每年分红1000元，连续分红3年。这样的互助，让村里那些无劳动能力的贫困户增收，也把政策兜底的贫困户纳入产业发展中来。接着，他组织村民进行扶贫政策、技能等培训，让村民了解掌握扶贫政策、农业基本知识、牛羊等牲畜疾病处理知识，让大家尝到科学种植养殖的甜头。

村里的环境好起来，农民的日子也渐渐好起来。为了让吴家岔村的老年人生活得更好，2016 年，王志辉筹集资金，为村里修建了老年日间照料中心 12 间，村委会办公室 5 间，村卫生室 2 间，并给村委会、卫生所配备了办公设施。村里办公条件改善了，65 岁以上无劳动能力的老年人都住进了新房子。他还通过和山西省教科文卫体工会委员会联系，组织省人民医院医疗团队为老百姓全面体检，送去常用药品，帮助老年人制订了保健方案。老人们说，我们真是赶上了现在的好社会。

企业带动发展也是王志辉一直在琢磨的事情。2017 年，王志辉引进山西晋岚生物科技有限公司岢岚县肉羊屠宰及肉制品项目，项目占地 108 亩，总投资 1.1 亿元，计划年屠宰羊 30 万—50 万只。2018 年 10 月企业投产后，带动了 800 户贫困户每户每年增收 1000 元，带动就业 150 人，每人每年增收 4 万元，也激发了全县更多养殖户、农户、合作社的活力。

2018 年，吴家岔村实现整村贫困户脱贫。虽然搬迁了、脱贫了，但脱贫不脱帮扶、脱贫不脱感情，吴家岔村每一户村民都是王志辉的牵挂，他经常走访慰问，嘘寒问暖，谁家生产生活上有困难，王志辉都会热心帮助。

王志辉是个肯做事的人。桩桩件件，每件事背后，都是一个第一书记践行党员职责、为人民服务的初心，也是王志辉用真心、真扶贫、扶真贫的责任与担当。他用做实事铺陈自己的扶贫之路，这条路，一边连着吴家岔村所有老百姓的心，另一边连着这片土地脱贫致富的美好明天。

青春是一首奉献的歌

——记晋煤集团派驻岢岚县工作队队员吴雁鹏

有人说青春是一首歌，回荡着欢快、美妙的旋律；有人说青春是一幅画，镌刻着瑰丽、浪漫的色彩。对于年轻的驻村工作队队员吴雁鹏来讲，"岁月不居，天道酬勤"，便是他给自己立下的青春誓言。

吴雁鹏原在晋煤集团一家大型煤炭生产矿井任党支部书记，工作生活条件比较优越。当组织找他谈话，准备委派他下乡扶贫时，他也有过短暂的犹豫。但他很快便同意了，作为一名年轻的党员，他将抉择的天平倾向了组织安排。这一答应不要紧，他的整个家庭都为之发生了变化。

"咱们聊聊明年还能发展啥？"

岢岚县距离晋城 600 多公里，回家探亲往返路程太过遥远，即使半个月回一趟家也是很耽误工作的。但是家里的情况是，妻子正在休二胎产假，女儿尚在襁褓中，儿子也才刚刚学会走路。他深知，人人都有困难。自己的这个家庭困难只有自己解决。一咬牙，他硬着头皮和父母、妻子商量，一个月后，也就是 2018 年 6 月，他把妻儿三口一起接到了岢岚县城居住。

岢岚县地处晋西北，气候干燥，冬季气温低，与晋城气候差异很大，加之，租来的房子条件不好，正值夏天，异常闷热不说，还会漏雨，孩子们水土不服，不适应环境，接二连三生病。可以说，那一年对吴雁鹏而言是十分艰难的。一方面是脱贫攻坚最吃紧、最艰苦的阶段，另一方面是家庭负担最繁重事情最杂乱的时期。往往忙碌一天回到家里，大的哭小的闹，妻子忙碌一天，趁着丈夫回家哄着孩子，还有大量家务在等着她，等到孩子们都吃饱喝足洗漱睡觉后，往往已是深夜，夫妻俩根本没有精力说说话，倒头睡去没多久，孩子们又醒来

入户慰问贫困户

了，喂奶、换尿布，又是一番忙碌。小吴说，不记得自己曾有过几个安稳觉，但是又觉得这些家庭琐事不足为外人道，只是默默地承受着。尽管如此，他还是因为一家人能够团聚而欣喜无比。也正是因为家人对他工作的理解与支持，他才能更好地坚守自己的岗位，坚守住自己的使命，践行自己的青春誓言。

由于驻村工作条件艰苦，驻村工作队队员的生活情况，也时刻牵动着各级领导的心。2019 年元旦前夕的一天，岢岚普降瑞雪，天寒地冻，在县城和家人做饭的吴雁鹏听到屋外传来了一阵急促的脚步声，随即响起敲门声，打开门才知道是岢岚县委王志东书记。王书记关切地询问他们的生活起居，连声说："小吴同志，这段时间你们辛苦了，有什么困难及时提出来"。他代表县委县政府对驻村工作队队员的生活情况表示了极大的关注，叮嘱相关工作人员一定要在推进扶贫工作的同时保障好这些驻村工作队队员的生活质量。小吴望着王书记疲惫的脸，心里满怀感激，他知道自己的坚持与选择是正确的。

作为派出单位，晋煤集团更是给予了驻村工作队无微不至的关心和帮助，一次次慰问、一桩桩关爱，都牢牢地铭记在吴雁鹏的心上。他一再勉励自己，一定要把百姓的幸福作为自己努力的方向。初到官庄村时，当村民们看着驻村工作队这几个"白面书生"时，目光里充满了怀疑，窃窃私语："城里人，待不住，就是来镀金的，过段时间就走了，啥也干不成"。吴雁鹏暗下决心，一定要做出成绩，一定要获得村民们的信任。既然选择了这份职责，就应义无反顾肩负起自己的使命。

秋收季节，几乎每个清晨 6 点，天蒙蒙亮，吴雁鹏便和妻子起床了。吴雁鹏心里记挂着老百姓大田里的庄稼，一心想着早早去早早收，多干点活。刚刚 7 点，他们已经开始劳动了。面对妻子的"调侃"，他也笑着回应："做群众工作就要跟着群众的节奏走，不能让百姓迁就我们"。就是这样的"白面书生"，学会了挽豆、拢堆、装车等一系列农活，也让老百姓彻底改变了对他们的看法。从此吴雁鹏和老百姓的关系更近了，大小事情只要能办到的都会亲力亲为，他成了乡亲们的主心骨。

"功不唐捐，玉汝于成。"作为一名扶贫干部，吴雁鹏没有辜负老百姓的信任；作为一名晋煤人，吴雁鹏没有辜负领导的期望；作为一个儿子、丈夫、父亲，吴雁鹏做到了敬老爱幼、问心无愧。小家庭在岢岚的生活逐渐适应了，儿子已经上了幼儿园。只要时间允许，吴雁鹏也会尽量从村子里赶回来去接孩子。虽然这样的时刻很短，但他心里还是暖洋洋的。俨然，他们已经将岢岚当成了自己的家，他们也和淳朴勤劳的岢岚人一样，成为建设岢岚的参与者和见证者。

康凯和他的扶贫梨

——乔家湾村发展梨树的故事

乔家湾村位于岢岚县城东 3 公里处。由乔家湾和王家沟两个自然村组成，全村 171 户，377 人，62 户建档立卡贫困户，142 个贫困人口。2017 年整村脱贫。2018 年通过了国家第三方抽查验收。乔家湾依山傍水，交通便利，是发展梨果树种植的天然基地。这是驻村工作队队长康凯十分自信的一件大事，也是他为乔家湾村老百姓找到的一条可行的致富路。

这是怎样一个故事呢？

康凯任乔家湾村驻村工作队队长以来，心里最想做的事情就是如何能让村民真正拥有致富技能，走上自主发展的道路。经过挨家挨户的走访和观察，他发现乔家湾村和王家沟村有三个人家院子里种的梨特别好吃，他们分别是王功、郭秋平和根虎。可没有人知道这种梨的来处，他们三家也因每家只有 1 棵树，产量有限，每年只把梨作为礼品送亲戚朋友，从来也没有到市场上去卖。康凯敏锐地感觉到，带领

康凯和他的梨树

乡亲们脱贫，可以打这"梨树"的主意。

2018 年 9 月初，康凯拿样品去山西省农科院寻求鉴定，省农科院现代农业研究中心副主任、现代农业产业技术体系水果产业体系首席专家牛自勉研究员依据其外观、肉质和口感初步断定：第一，此梨有库尔勒香梨的亲本成分，目前在山西及国内没有发现同质品种；第二，他对这种梨在 2019 年没有受冻惊叹不已（山西 2019 年的梨树因倒春寒冻花减产 80% 以上）；第三，他爽快地答应明年清明节前后要亲自来乔家湾考察。

梨树的培养人王功，现年 76 岁，1973 年毕业于山西农业大学果树系，毕业后一直在岢岚县林业局任技术员，退休后回到老家乔家湾居住。也许是职业习惯，他平时不多与人往来闲聊，而是保持着上班时的习惯，一心在自家院内栽种苹果、梨、李子、葡萄等多种树木，这些均是优良品种。在每年果实成熟时，他都让老乡们来免费品尝。王功的确是个果树栽培技术专家，虽然寡言少语，但也是个热心人，

乔家湾村老年志愿服务活动

村民但凡有修剪和嫁接果树需求时，他都会不计代价积极义务服务。他说，自己研究种植的初冬苹果和梨品种非常适合像乔家湾这样的高寒地区，基本上可以实现十年九收，品质十分出色，所以希望自己研究种植的新品种能在更多的村民家中推广。康凯又了解到，郭秋平和根虎家的 2 棵树也全部是王功从自家梨树上采集穗枝嫁接的。他又到岢岚市场上找卖水果的商贩们对王功的梨进行估价，结果是，此梨售价每斤可以达到 5 元以上。同时王功还肯定地说，此梨在岢岚除北川的三井村、神堂坪村、岚漪镇的大巨会村、后沟村和东川的宋家沟村之外，其他地方都可以放心栽培。康凯暗自高兴起来，他更加觉得这的确是一条十分可行的致富路。

说干就干。2019 年春，康凯带领工作队及村民，利用村里 3 颗梨树春剪的枝条进行接穗，同时联系绛县昊甜苗木有限公司嫁接了小梨树苗，当年成活了 800 棵。就这样，乔家湾的梨树从 1 棵一下子扩展到了 800 棵，10 月 24 日，这 800 棵树苗全部运到了乔家湾。

当我们见到这些树苗时，为确保过冬，一棵棵小树被严严实实地包裹着，一部分栽种在农户的院子内外以及乔家湾村的街道两侧，大部分被资助梨园建设的大户刘永军示范种植。康凯说，争取5年内把乔家湾建设成岢岚县的品牌梨树村。

这就是康凯带领乔家湾村民发展梨树种植的故事。树不能一日成材，事情也不是一蹴而就。需要开始，更需要过程；需要带头人，更需要实干家。无论怎样，大家的目标是一致的，就是为了让老百姓过上好日子。康凯的心愿正在达成，而他所付出的辛劳是寥寥数语无法一一道尽的。也正是因为有大批像康凯一样奔波不息践行梦想的人，中国的脱贫攻坚才能取得胜利。

一个扶贫工作站站长的一天

张海英是在岢岚县扶贫工作最忙的那一年加入这个队伍中的，那一年，她来到岢岚县高家会乡11年，担任副乡长兼扶贫工作站站长，那一年，她的女儿小升初。从那个时候起，她的名字好像只剩下一个——扶贫人。

说起2016年6月开始到2018年年底岢岚县高家会乡脱贫，张海英似乎记不起她做了多少琐碎的工作，但她记住了晚上10点以后回家路上拐弯处的红绿灯，因为那个红绿灯10点就关了，所以，两年时间里，晚上下班的时候，她和同事们在夜风中回家，走到那儿的时候，几乎没看到过亮着的红绿灯，每次经过那里，她心里就突然想起，原来红绿灯已经下班了，孩子应该已经睡着了吧。

一个扶贫工作站站长做的是统筹协调、上传下达的工作，既要落实上级各部门的指示任务，又要将基层贫困户的各种情况收集上报到各级部门。摸底、建档，管理、汇总，甄别、更新，关于贫困户和扶

给大家讲扶贫政策

贫工作所有琐碎繁杂的工作，都要通过海英他们的手落实到纸上的数据、报表和总结里，落实到电脑的系统里。他们的工作做细致了，才能给各级部门的决策与统筹提供思路与凭证。高家会乡880

到村民家走访

户贫困户、2000多口人的身份证号码、基本情况，都是海英和同事们一笔一画抄写、整理、录进系统里的。海英说，当她还没有见到那些贫困户老乡们的时候，就已经熟知了他们，有人提起一个名字，她马上就能说出他家有几口人、住几间房子和收入情况，需要什么样的帮扶，有什么样的帮扶政策可能适合他。如果有人想求证或确认一些扶贫政策上的细微区分，身边的人们就会推荐张海英，觉得她脑子里装的都是扶贫的一二三。

聊起扶贫，张海英井井有条，一五一十，一点都不怯场；聊起其他，她又一副小女子的样子，温煦地微笑，一如那个可亲的邻家妹妹。当我们问她，全身心投入扶贫的工作上，你有过困惑吗？她讲了一个故事。贫困户的识别，按照条条款款，听起来是一件不难的事，做起来却很复杂。他们一直都按着程序走，每一个步骤都希望不要有差池。但回头看的时候，有一个姓梁的贫困户，因为被告知城里有房，不符合贫困户的条件，就只能识别出去了。那以后，梁家的老父亲不断来找她，诉求、埋怨甚至责骂，海英不断给老人家解释政策、做工作，有时候甚至会说上一个午饭的时间，等她口干舌燥赔着笑脸说完了，饭也凉了。那个时候，海英委屈的不是自己被纠缠，而是在政策允许的范围内，她不能帮到他。她有一个信条，扶贫工作是一个大事业，一切都要有理有据，才能做得好。后来，梁家老人终于理解了海英他们，但这件事给海英留下了很深的记忆，让她在识别管理贫困户的时候更加一丝不苟，生怕因为一点点不细致，影响到乡亲们的利益。

不仅仅是识别，在各种扶贫政策精准落实的过程中，都是需要细致具体到户和人的。因为海英汇总材料太精准了，加大了大家的工作量，连同事们都说，感觉自己像在为张海英打工。可是，开完玩笑发完牢骚，大家依旧齐心协力，该做的事情一样都不少做。张海英以"绣花功夫"研究形成的"三核、三审、三统一"规范化档案建设的工作方法，在全县推广。

我们看到了张海英2019年9月普通的一天：

> 7:40　到县扶贫办。报送并领取资料，针对系统录入，收支测算等问题请教咨询。

8:30　到乡扶贫站。对照本周任务清单安排相关人员开展工作；其间有包村干部咨询本村资料报送情况。

11:00　去西会村。督促资料整建工作。其间接待了五寨县脱贫一线干部来村交流资料整建工作。

12:20　回乡吃饭。

12:35　回乡扶贫站。汇总报送《高家会乡十五个行政村问题整改情况统计表》。

13:30　午休。其间贫困户打电话咨询雨露计划申报流程。

14:20　乡扶贫站。准备下午会议安排内容。其间给午间咨询过情况的贫困户出具贫困证明。

15:00　召开全乡干部、驻村队长本周工作推进会。

16:40　督促相关人员完成当天报送资料工作。

17:20　包乡县领导到乡指导脱贫攻坚工作，就近期工作存在的问题和困难，进行沟通。

17:30　和县、乡领导实地查看乡扶贫项目尚晋家居有限公司的推进情况，研讨尚晋家居有限公司带贫模式。

18:00　回乡扶贫站撰写扶贫工作《整改方案》等。

18:30　晚饭。其间和部分包村干部探讨光伏分配、公益岗的设定条目、收支测算表转移性收入的计算条目。

18:50　汇总各村报回的情况统计表。

19:20　接到电话，县里要一个最新脱贫攻坚工作开展情况，登录全国扶贫开发系统进行最近数据提取、筛选、汇总。

22:20　完成近期扶贫工作整改方案发领导审核，通过后以红头文件形式打印。

22:43　带上脱贫攻坚最新进展情况等必须报送资料的纸质版和电子版回家，准备明天早上报送县扶贫办。

张海英说，这一天看起来忙忙碌碌，其实做的就是日常的工作，这也是每一位乡镇扶贫工作站站长普通的一天。正是这普通的一天又一天，汇集成了基层扶贫战线强大的力量，汇集成了扶贫工作坚实的基础。因为有了他们的付出，才有了"脱贫攻坚"过程中一组组骄人的数据，一个个骄人的成绩，有了在农村随处可见的一张张开心的笑脸。

刘峰的"两件大事"

2016年担任岢岚县李家沟乡扶贫工作站站长以后，每周星期一早上，刘峰都要步行半小时从广惠园小区父母的家中到扶贫办开例会。这是他雷打不动的习惯。他觉得，缺席会议就是丢了任务，他会难受。在例会上，刘峰听得特别认真，边听边思考，边听边对工作任务进行分解消化。扶贫办要求各乡镇准备动态调整档案。回乡的路上，刘峰就将资料目录在脑子里大致列了出来，回到乡里很快就整理出了《村级动态调整档案资料目录》14项，每个时间节点、需要附什么资料都进行了详细标注。刘峰常说，做好一个基层扶贫工作站站长的工作，就是要做好"两件大事"，一件是下达，一件是上传。下达就是吃透上面扶贫精神和政策，结合当地实际情况，制定工作规划和方案；上传就是摸清当地贫困户的具体情况与民意，掌握第一手资料，精准采集，准确上报，助力上级决策部门把握最真实的情况，作出正确的决策。

不缺席会议是他做好工作的习惯之一。可是，有些时候，习惯总是被意外打破。2017年10月17日，全国扶贫日。刘峰开车从乡里出发去县城开会的路上，遇上弯道超车，车被刮了一下，被带到了七八米深的大桥底下，他还没有看清楚是辆什么车，就痛得失去了知觉……那天，是他第一次缺席会议。他与死神擦肩而过，这次意外带给他的是锁骨远端骨折和一次伤及筋骨的手术。领导和同志们的担心还没有消减，术后第15天，伤口拆了线。第17天，他不顾家人和医生的劝阻，毅然从太原回到岢岚。第18天是星期一，他肩膀上打着钢钉，纱带吊着胳膊就出现在了李家沟乡政府。同事们满脸惊讶，好多人问他，伤筋动骨一百天，咋不请假回家疗养一段时间再来？刘峰笑着说："正是脱贫攻坚的紧要时刻，一大摊子事，推给谁都不好做。一边工作一边养着也是可以的。"

那段时间，每周一例会，同事们轮流等他开完会接他一起去乡政府。熟人在路上遇见，都会主动停车让他搭上。乡亲们和乡里同事都处处关心着他。刘峰很乐观，他从来不说那段时间的伤痛和不便，但为了尽快康复，刘峰三个月没敢回太原的家，就住在乡政府。当护士的妻子抽空从太原来看他，每次都忍着泪为他洗洗涮涮、带吃带喝，叮嘱他注意事项。她知道，刘峰对工作的不缺席是劝不住的。该开会开会，该下乡入户就下乡入户，吊着胳膊还要工作的刘峰在所有人眼里都太能扛了。

从1997年参加工作，刘峰已经在李家沟乡工作了20多年。李家

轻伤不下火线

沟的每一寸土地上，几乎都留下了刘峰的脚印。但他觉得这远远不够，自扶贫工作开展以来，带着一个个专题进村入户，就像一次次全新的认识，能够发现很多以前没有注意到的情况和细节，能够更精准认知，精准识别。水草沟的村干部孙永华一看见刘峰就开玩笑说："哎呀，我看见你就发愁哩，你那资料就没个完的时候。"李家沟乡11个行政村的村干部多次和他开过这样的玩笑。无论是动态调整还是"回头看"，大大小小、分门别类的数据既要准确又要及时更新，每一个数字的变动都必须有凭有据，有政策可依。刘峰说，他的工作便是从基层一线吸收最准确、最新鲜的数据一级一级上报。为了保证数据采集的精准性，刘峰每次向村干部安排任务时都是千叮咛万嘱咐，再三解释，多次举例。为了将采集回来的数据及时有效地上报，刘峰总会花费大量的时间一遍一遍入户走访、比对、核实，确保资料上每一个数字都真真实实不留丝毫疑义。

2018年贫困户信息采集中，"致贫原因""帮扶责任人"两项有两个村几十户都没填。刘峰只好打回去让村干部重新收集，有的村干部非常不满意，刘峰跟他们说："你别小看这几个小空空，填对了，才能实实在在地帮到这些需要帮扶的贫困户"。很多不确切的资料，刘峰总是不厌其烦地让大家重新填。他认为，工作不是走过场，就算是不断重填，也必须把最真实的情况反映上去。因为老是往村里跑去核对情况，李家沟乡所有村子的村民都知道了刘峰是专门负责给他们填表的。很多干部在日复一日的资料汇集工作中产生了厌倦情绪，刘峰总会平静地说："这就是咱们的工作啊，涉及老百姓的切身利益，如果不进行量化，如何保证扶贫的精准性？"在他看来，扶贫工作是一项事业，需要拿出全部的精力来尽力去做。刘峰琢磨整理的扶贫资料在县分管领导、乡党政领导共同修改后逐步完善，最后形成囊括3大项19个分项，被县扶贫办作为蓝本在全县12个乡镇推广。当年，李家沟乡的脱贫工作全县排名第一，刘峰荣获创新奖。

在李家沟工作时间长了，刘峰从小刘变成了老刘。同事有时和他

详细讲解帮扶办法

开玩笑："你头上的头发本来就少，这个扶贫站站长当下来，估计就秃了。"刘峰总是笑着说："我秃了不要紧，只要咱的脱贫工作有成效，百姓的穷根能彻底拔掉，掉几根头发又何妨。"

扶贫工作的"百科全书"

"爸爸，这个老爷爷脱贫了没有？""爸爸，这个小姐姐也是贫困户吗？"张勇的儿子刚刚学会说完整的句子，他指着爸爸电脑上的图片不停地问爸爸，把办公室正在加班的同事们都逗乐了。周末孩子们不上幼儿园，张勇和同样忙碌的妻子，只能一人带一个。星期天，他经常抱着小儿子到单位加班，同事们开玩笑说，他儿子的早教就是脱

张勇（左）与村民在一起

贫攻坚。

2016 年，张勇进入岚漪镇扶贫工作站的时候，正是脱贫攻坚最紧要的时期，作为岚漪镇一名普通的工作人员，年轻的张勇没有退缩，勇敢地接过了组织的信任，10 年的乡镇工作让他有底气、有自信。在岚漪镇工作的 10 年里，统计员、农业员、林业员、水利员等，好多工作岗位都有过张勇的身影，有时候更是身兼数职，哪里需要就在哪里。镇里新来的公务员无论遇到什么工作问题咨询他，他都知道，大家都说张勇就像一本乡镇工作"百科全书"。他说，没别的，因为我用心做过。

张勇的用心，在于能承担重任，也能对工作认真到一丝不苟。扶贫工作是一个细致活儿。工作中的他，事无巨细，每个汇总表格、统计数据、计划总结、报告文件，只要有他在，错误率就无限接近于零。这是大家对他的评价，也是他的追求与坚持。

在他的办公室里，我们看到了岚漪镇扶贫工作的资料，一本本整整齐齐的蓝色档案盒，列队站在靠墙柜子里，清清楚楚。从 2014 年到 2017 年，一个村子一年一本，岚漪镇 38 个村无一遗漏。从 2018 和 2019 年的档案存放在了村子里。随便翻开一本，张勇都能讲上好多数字后面的故事。

点滴诉求，全部记下

镇里 50 多名干部的电话他都能脱口而出，因为他要和每个人沟通工作，安排任务，解决问题。岚漪镇的特困贫困户，谁家女儿出嫁了，谁家孩子转学了，谁家父亲去世了，谁家孩子出生了，他都知道，因为每个人口自然增减，每个贫困证明，都是他亲自核查，再盖章签字。贫困户哪家的房子最破，哪家的父母需要看病保险，哪家的孩子上学困难，他都知道，因为贫困户天天找张勇，因为他们知道，张勇会替他们翻政策、想办法。找他的，不只是贫困户，还有乡干部、村干部、第一书记、驻村工作队，因为，镇里扶贫的情况、数字和信息，他这里又明白又准确。在扶贫工作上，他又成了一个"百科全书"。

罗马不是一天建成的，那么多的工作装在心里，不是靠一时的认真和负责能做到的。他像一个脱贫攻坚里的超人，有人说，张勇就像住在办公室的男生，别人加班的时候他在加班，别人回家了他还在加班。同事说，回吧，明天再做。他说，明天还有明天的事。他的老家在繁峙，家里两个孩子全靠妻子一个人照料。2017 年是脱贫攻坚关键的一年，他几乎没有时间照顾妻子，没有时间多看看儿子，可是，他却没有耽误过一点点工作。工作上的事他不敢延迟，贫困户的事他不能拖沓，但他答应带孩子出去玩的承诺，推迟了一次又一次，直到 2019 年国庆才兑现。

张勇现在是岚漪镇扶贫工作站的副站长，也是镇里的水利员。只要有工作和任务需要他，他都会勇于承担，兢兢业业。爱岗敬业是一个人的优秀品质，张勇认为，每个人做好自己的本职工作就是一种奉献。这些年来，优秀大学生村干部、优秀共产党员、优秀农村党支部书记、脱贫攻坚工作奋进奖，都是他的荣誉，也是他的足迹。张勇始终坚信，只有静下心来，脚踏实地，一步一个脚印，就一定能践行一个共产党员的初心和使命。

第 4 篇

一切为了脱贫，
一切服务于脱贫

脚上沾了多少泥土，心中便沉淀了多少真情。

脱贫攻坚和乡村振兴，是一场只有起点，没有终点的接力赛。最好的脱贫成绩不是写在纸上，而是无数个家庭和个人的衣食住行、医疗教育等方面的获得感和幸福感。这张成绩单，不仅要得到群众的认可，更要经得起时间和历史的检验。

一切为了脱贫，一切服务于脱贫。他们来自不同的单位，但有着共同的目标。聚是一团火，温暖的是父老乡亲，点亮的是共同的事业，还有彼此的理想；散是满天星，你不必知道每一颗星的名字，但他们共同撑起的美丽星空，值得你仰望。

国家统计局：跑好脱贫攻坚"接力赛"

进入腊月，岢岚零下一二十度的温度，让在岢岚挂职的老家是重庆的郎泽宇着着实实感受了一回北方的冬天。拥有西南财经大学研究生学历的郎泽宇是国家统计局综合司数据服务处的副主任科员，2019

刘玉麒和老乡在一起

年 8 月 21 日到岢岚挂职，任岢岚县扶贫办副主任。和他一起来的，还有江波、王登魁，江波任岢岚县统计局副局长，王登魁在国家统计局定点帮扶村三井镇孟家坡村任第一书记，3 个人都是"90 后"，他们和国家统计局在岢岚挂职的县委常委、副县长刘玉麒一道住在县里给安排的宿舍，宿舍只有基本的生活用品，简陋却整洁。刘玉麒说："从来的第一天起，就把这里当作自己的家去看待。"

从首都北京来到偏远县城，因为路途遥远，高铁转大巴或拼车，一趟至少七八个小时，路上几乎要占用一天的时间，除了中秋节、国庆节回家小住外，他们是常住在岢岚了。说起这些来，他们都毫无怨言，郎泽宇说，并没有觉得苦，"年轻人嘛，一切客观上的困难都可以克服，就是想很快投入工作，切切实实为岢岚做点事情"。刘玉麒出生于 1964 年，是国家统计局工业司行业指导处处长，80 年代的人大毕业生，比他们早半年来到岢岚。对于 3 个年轻人，作为副县长的刘玉麒更像一个长者，不仅和他们住在一起，每周都会至少一次到王登魁帮扶的孟家坡村，了解驻村工作开展情况，周末，在没有工作任务的时候，会和 3 个年轻人一起做饭吃，聊聊一周的所见所闻所感，带领他们在县城四处转转。"上南山，走街串巷，和老百姓拉家常，建立和这个地方的感情，真正融入这里的生活。"

4 个人，不同的岗位，同样的目标，那就是把国家统计局在岢岚定点帮扶的这个"接力赛"跑好，能够不辱使命，圆满完成组织交给的任务，为岢岚完成脱贫攻坚任务出力。

2013 年岢岚县被确定为国家统计局定点扶贫县，7 年来，国家统计局坚持把定点扶贫工作放在突出位置，成立局扶贫工作领导小组办公室，先后选派 30 多名作风过硬、素质好、能力强的青年干部赴岢岚县挂职。局领导先后赴定点扶贫县调研指导 10 余次，每年投入 100 余万元用于排水设施、公共浴室、蔬菜保鲜地窖、乡村道路、基层组织活动场所等农村基础设施建设。他们充分发挥统计系统的优势，协调沟通国家、省、市单位给予统计工作指导和帮助，提升统计数据质量和统计服务水平，为岢岚县扎实推进经济社会发展、打赢脱贫攻坚战提供了坚实可靠的统计保障。在国家统计局的直接联络、协调下，通过走出去、请进来举办各种培训班10多期、培训基层扶贫干部1000多人次，提高干部理论水平和综合素质。他们积极联系国家统计局机关有关单位每年助销数十万元的当地农产品。2019年，组织岢岚县7家企业参加中石化北京石油分公司举办的扶贫产品招商会，借助"易捷加油"平台宣传展示当地特色产品，助推农产品走出深山；推荐特色小杂粮加工企业参加在南京举办的2019中国国际食品配料博览会，并免费提供展位。

特别是在定点帮扶村孟家坡，历任挂职干部同驻村第一书记一道，注重党建引领，将国家统计局拨付的党建经费精准用于孟家坡村党组织活动场所建设、村容村貌美化、村级文化活动场所的修建。由他们发动并成立的红芸豆秧歌队，极大地丰富了群众的业余文化生

与乡村干部交流，共谋乡村振兴前景

活，农闲时节或农忙时收工回来，村里打麻将的人少了，参加秧歌队活动成为人们日常生活中的一项重要内容。

2020年1月10日，刘玉麒带领郎泽宇、江波参加国家统计局山西调查总队在大涧乡寨沟村、闫家庄村的新春慰问活动，顶着寒风把慰问品送到贫困户家里。挂职以来，类似的活动，只要时间允许，他们都会一起参加，而他们和之前在岢岚挂职的陈培成、房涛、潘晋英等人一道，始终在岢岚脱贫攻坚之路上以一样的姿态努力跑好这场接力赛。在2019年脱贫攻坚表彰大会上，国家统计局荣获脱贫攻坚"集体贡献奖"，刘玉麒说，下一步，他们将牢记组织的重托和人民群众的期待，重点在提升乡村治理、建立乡村环境管护长效机制、激发群众内生动力、壮大特色种植业上下功夫，和当地一起为巩固脱贫成效、实现乡村振兴的战略目标继续努力。

山西省总工会：扶贫路上写好"精准"二字

2019年11月15日的岢岚县已经是寒风凛冽，一派冬日气象。宋家沟村村委会的办公室内，来自山西省总工会的第一书记杨涛和驻村工作队队员赵亚军正在进行贫困户收支测算，一旁的村主任游存明和他们交流着贫困户的收支情况。不大的办公室内，一副热火朝天的景象。

"宋家沟村已于2017年年底脱贫，当下，我们正在做巩固提升工作，确保贫困户不返贫。"出生于1980年的杨涛2017年4月来到宋家沟，当时正值岢岚县脱贫攻坚战的关键时期，易地搬迁、乡村整治工作如火如荼地进行。对于杨涛来说，来到岢岚，开启的是一段激情燃烧的岁月。五天四夜驻村，他和省总工会驻宋家沟乡五村的17名干部一样，熟悉村里的第一个人，"咱村那些事"，成为他们之间说不完的话题。按说 2019 年杨涛可以结束驻村工作回到省城和家人团聚，但他选择了留下。他说："我要和我们宋家沟村人一起奔向 2020 年，奔向小康，亲自参与到这项伟大工程，我是幸运的。只希望能够做到问心无愧！"即将退休的赵亚军 2019 年 9 月来到村里，她说："退休前能到宋家沟，我觉得这个选择是正确的。在和乡亲们脱贫奔小康的路上能尽所能做些事，本身就是一种荣耀。"

从 2010 年开始，宋家沟乡成为山西省总工会的扶贫点。9 年来，杨涛、赵亚军等省总工会的党员干部以第一书记、驻村工作队长、队员的身份来到宋家沟，他们从最基层的工作做起，扎根贫困乡村，紧密结合乡村实际，不断创新模式、健全机制，深入实施产业扶贫、教育扶贫、消费扶贫，全面贯彻精准扶贫要求，形成了分管领导、驻村队员加机关党员干部结对子帮扶的全员、全力、全面的扶贫格局，做

省总工会携手爱心企业在岢岚举行系列帮扶活动

到了全员参与、责任落实、精准跟进。

9年来，省总工会以蔬菜大棚种植和绒山羊养殖两大产业扶贫项目为主攻方向，牢牢把握"精准"二字，瞄准农村脱贫、农户增收目标，不断创新模式、健全机制，9年来，逐年加大帮扶力度，帮扶金额由2010年每年几十万元提高到现在每年300万元左右，特别是2013年以来，累计投入近2000万元，争取社会项目资金1130万元，带动县里配套投入6500万元，队伍、阵地、资金全方位支持和保障，有力保障了扶贫项目在宋家沟的可持续推进。除此之外，在省总工会的直接帮扶下，晋岚生物科技肉羊屠宰深加工项目建成并投产，岢岚县职工活动中心建成并启动。

帮扶以来，省总工会连续数年被评为山西省扶贫模范单位。2014年10月17日，是国务院确定的全国首个"扶贫日"。在当天召开的全国社会扶贫工作电视电话会议上，国务院扶贫开发领导小组对全国社会扶贫先进集体和全国社会扶贫先进个人进行了表彰。山西省总工会扶贫工作队跻身全国社会扶贫先进集体，成为山西受表彰的6家单位之一，据悉，全国工会系统只有山西省总工会和辽宁省总工会两家单位入选。

金杯银杯，不如群众的口碑。说起省总工会的帮扶，宋家沟乡每个人都可以随口说出很多。

"宋家沟饮水工程、铺上村105座蔬菜大棚、宋家沟村和铺上村储量300吨的土豆保鲜窖、宋家沟小学、为口子村、北方沟修建近千平方米中心广场和便民桥，吴家岔村留守老人互助照料中心……这都是省总工会帮扶的项目，太多了，说不完。"宋家沟乡副乡长雷文斌扳着指头说。

"学校的室外田径场、文体活动馆、太阳能浴室、冲水厕所、电脑室、播音室都是省总工会帮扶下建设、配备的，学生的校服、被褥，贫困学生食宿、交通费用给予全额补贴；特别是与省城名校结对培训教师，联系小升初优质对口中学，这对我们而言就是雪中送炭。"

消费扶贫，省总工会购买村民农产品

宋家沟小学校长高建珍说。

"见了我们就问好，到我家的次数比我家的儿女还多，家里是是非非人家都知道，能帮的都会帮，感觉和咱就是一家人了。"村民沈姚付如是说。

2019年国庆前夕，在北京展览馆举行的庆祝新中国成立70周年大型成就展上，宋家沟作为实景出现在"走向复兴"板块。消息传来，杨涛非常高兴，他说："宋家沟肯定会越来越美。作为一名普通的帮扶干部，我真的非常骄傲。我们就是想用行动让老乡们知道，在脱贫路上我们始终是和他们并肩同行的，我们会继续他们携手奔向小康！"

国家统计局山西调查总队：扎实走好帮扶路

"'大道之行也，天下为公，选贤与能，讲信修睦。故人不独亲其

和施工方一起研究建设方案

亲，不独子其子，使老有所终，壮有所用，幼有所长，矜、寡、孤、独、废疾者皆有所养，男有分，女有归。'还记得儿时背诵这首《大道之行也》总觉晦涩难懂，不明其意。何为行大道？两年的扶贫工作，让我一步步找到了答案。脱贫攻坚之战，圆的是华夏儿女的'千年梦'，造的是盛世中华的'桃花源'，讲的是百年复兴的'中国故事'……"这是国家统计局山西调查总队驻岢岚县大涧乡寨上村工队员张志钰在一篇文章中的一段话，文章名为《行大道》，记述的是他在脱贫攻坚过程中的真实经历和感受。

1988年出生的张志钰毕业于东南大学国际经济与贸易专业，通过国家公务员考试，顺利考到国家统计局山西调查总队，于2018年12月选派为山西调查总队驻大涧乡寨沟村工作队队员。"做了种种推测，以为农村肯定是脏乱差，没想到看到的却是干净整洁的街道，绿树成荫的小广场，一间间整齐的窑洞院落。"张志钰说，他们是12月10日来到村里的，那一刻，自己真实地感受到了作为一名共产党员从未有过的骄傲，并暗下决心：一定要在现有的基础上，带领村民把脱贫这篇文章写好。

和张志钰一起来到岢岚的，还有5个人，他们3个人一个工作队，张志钰和队长李文堂，队员富军鹏在寨沟村，苏长林、郑海琪、王哲在闫家庄，其中，队长李文堂、苏长林为处级干部，6个人均是大学学历，他们都是总队严格落实山西省委省政府关于驻村帮扶工作"硬抽人、抽硬人"要求抽调到脱贫攻坚一线的精兵强将。驻村后，他们严格落实五天四夜的驻村要求，吃住都在村里，和村民无异。要说区别，那就是村民自己操心自己家的一亩三分地，他们却要操心全村的大小事务。

想法只有落到实处才有意义，否则只是空想。在帮扶工作中，工作队严格履行定点帮扶责任，力求把责任和使命落实到具体工作中，落实到群众可触可感的惠民举措中。为了巩固来之不易的脱贫成效、稳定群众增收致富渠道，他们和乡、村干部、第一书记一道，精心推

新农村里话发展

动中华红芸豆、优质大棚菜等高效农业、特色农业种植园区项目建设，对项目实施主体、资金来源、补贴措施、农技培训等进行科学规划、合理安排，先后投入 50 万元资金，推动连片种植，实现规模经营。截至目前，在岢岚县寨沟村建成种植规模达 498 亩的小杂粮集中连片种植园区，在岢岚县闫家庄建成种植规模达 350 亩的大棚菜集中连片种植园区，连续两年带动建档立卡户人均增收 500 元、户均增收 1800 元。

新农村的核心是新农民、新风尚、新气象，是每个农民都拥有的新生活。帮扶工作中，工作队以改善人居环境为重点，先后争取扶贫资金建起了寨沟村文化活动室、闫家庄村文体广场，让农民有了文化活动场所；对村内巷道路面进行修补硬化、疏通整治排水渠道，彻底扭转了群众雨季出行难、污水遍地流的现象；对大涧乡敬老院水电设施进行整体维修改造，孤寡老人生活条件得到根本改善；投入资金在通往农田的道路上建设 2 座钢混结构漫水桥，彻底改变了村民蹚水过河耕作的局面。

在改善人居环境的同时，工作队积极响应山西省委省政府开展消费扶贫促进精准脱贫号召，千方百计帮助帮扶村贫困户销售农产品。通过"以买代帮"的方式，总队及下属单位直接采购 10 多万元的农副产品，单位干部职工在结对帮扶中采购 7 万余元的农副产品，农产品再也不用担心卖不出去，极大地调动了农民勤劳致富的积极性。总队还先后投资 8 万元，在寨沟村、闫家庄村分别设立扶贫爱心超市、孝善敬老基金，开展"脱贫致富示范户""孝亲敬老模范户""乡村文明户"等评选，大力营造脱贫光荣、勤劳致富氛围。一边带动有劳动能力的农民勤劳致富，一边投入 6 万元爱心资金，对特困户、军烈属、五保户等进行爱心慰问，组织干部职工到村看望孤寡老人和患病贫困户、为患病和生活困难的贫困户捐款捐物，为在校学生捐赠校服和学习用品，这些扶贫举措时时感动着父老乡亲和贫困群众，也收到"慰问一人、温暖一户、带动一片"的效果。

自 2018 年以来，总队向 2 个帮扶村投入资金 248 万元，有效发挥扶贫资金撬动作用、固本作用和激励作用。在他们驰而不息的努力下，寨沟村建档立卡户人均可支配收入达 12722 元、闫家庄建档立卡户人均可支配收入达 11221 元，两村村容村貌、户容户貌焕然一新。

"按总队领导要求，我们驻村帮扶一是当好'氧化剂'，帮助制定创新社会管理、发展农村经济的办法措施；二是当好'催化剂'，健全各项工作机制、制度，提升班子科学决策、民主决策的工作水平，帮助解决群众反映强烈的热难点问题；三是当好'润滑剂'，协作解决'两委'班子磨合中出现的各类问题，建立沟通交流、团结共事的良性机制。"队长李文堂介绍，这"三剂"，是他们驻村工作的准绳，也是工作目标。总队领导对驻村工作的重视，也给了他们很大的鼓舞。党组书记、总队长王忠华到任后，主持召开的第一次党组会议就专题研究干部驻村帮扶工作，带队开展的第一次基层调研就深入岢岚县帮扶村实地走访；总队领导班子成员先后 8 次到定点帮扶村走访慰问、'结对'帮扶……在不折不扣做好帮扶工作的同时，总队有效发挥统计调查职能优势，加强对岢岚统计调查数据和县域经济发展的分析研究，积极协调国家、省、市、县统计调查部门给予岢岚县指导和帮助，对岢岚全县的脱贫攻坚工作作出了重要贡献。

在赢得定点帮扶村群众肯定的同时，山西调查总队 2018 年、2020 年均被评为"山西省干部驻村帮扶工作模范单位"、2019 年荣获"岢岚县 2019 年度脱贫攻坚贡献奖"。

"爸爸，你什么时候回来呀？"电话里传来了女儿稚嫩的声音，张志钰的眼眶瞬间溢满泪水，女儿马上就要两周岁了，这两年，正是他驻岢帮扶的两年，陪伴女儿的时光屈指可数。按规定，驻村满两年后就会轮岗。张志钰说，自己虽然想有多点时间陪伴女儿，但两年的摸爬滚打，让他对扶贫工作有了更加深刻的认识，也让他更加清楚自己身为共产党员、扶贫工作队员肩上的担子。"得道者多助，失道者寡助"，何为道，为亿万人民谋幸福即为道，消除贫困，共赴小康即为道。"中国共产党领导下的脱贫攻坚，便是行大道之事，能参与其中，是为幸也！"张志钰说，等女儿长大了，他会给她讲自己的扶贫故事，让她知道，在她成长的时候，她的父亲也在经历着最重要的成长，这条道上，他和同志们还要一直走下去！

国开行山西分行：老乡满意，是我们最大的收获

"在偏远的李家沟村，有劳动能力的年轻人基本全都外出打工了，小刘洋是留在村里的唯一的一个儿童，爸爸没时间，奶奶管不住……他的奶奶十分感谢工作队，说孩子不听家里人的话，就听工作队的话……"

我们的"六一"儿童节

以上文字，出自一篇题为《李家沟村轶事》之《"邋遢大王"调教记》的文章。文中的刘洋是李家沟村唯一的小学生，妈妈在他很小的时候选择了不辞而别，刘洋与爸爸奶奶一起生活，缺失爱的家庭让刘洋变成了"难管"的孩子，成为"邋遢大王"。全文2000余字，以平实的文字，通过三个不同的画面记录下了刘洋在驻村工作队员的帮助下由"邋

遏大王"变为阳光男孩的真实故事，孩子的调皮可爱，驻村工作队员的真情帮扶跃然纸上。该文在"为了百姓的幸福"征文比赛中荣获一等奖。

作者吴旭、张欣是国开行山西分行驻岢岚县李家沟村扶贫工作队的成员，其中，张欣为队长，吴旭为队员。谈及该文的创作，张旭说，贫困乡村儿童的学习、生活和成长，是我们驻村扶贫工作中深入了解贫困地区的一个重要视角。"我们深入到这个全村唯一一个小学生的生活中，体会他的喜怒哀乐和成长的烦恼，就是想通过我们的行动，唤起更多的人关心山区孩子的成长。"本次征文中，李杰、应海瑞撰写的《驻村囧事（系列）》获得了三等奖，四个小故事生动展现了工作队员驻村以来以村为家、克服各种困难和老乡们打成一片的故事。

无论是"轶事"还是"囧事"，写的都是"小事"，体现的都是真情帮扶，读来令人感到真实而温暖。事实上，国开行山西分行自2010 年开始对岢岚县李家沟乡开展定点帮扶以来，秉持"增强国力、改善民生"的使命，充分发挥"融资、融智、融制"的优势，全力投入岢岚县脱贫攻坚战中，在岢岚县产业培育、人居环境改善、教育扶持等方面倾注的不只是真情和真心，还有结结实实的力量：对岢岚县实施的广惠园小区易地搬迁项目、乡村综合整治项目、古城文化旅游项目等 10 多个重大项目进行了逐一评估授信，目前累计授信 16.35亿元，同时捐赠 100 万元充实岢岚县政府建立的风险补偿金；2017 年以来，国开行累计为岢岚县投放信贷资金约 12 亿元，用于提升岢岚县基础设施建设和城乡环境治理水平；不断加大对普通高校家庭经济困难学生生源地助学贷款力度，10 年来累计发放生源地助学贷款6352.2 万元，帮助全县 3500 多名贫困学生顺利入学或完成学业……

对于所帮扶的李家沟村和水草沟村，国开行更是做到了倾心倾力。驻村以来，他们分批次派驻业务骨干到两村开展驻村帮扶工作，严格执行五天四夜驻村工作制度，筹集驻村帮扶资金 576 万元，分别用于产业帮扶、改善基础设施、教育帮扶和解决老百姓生活困难问题。在他们的帮扶下，农民用上了大型农机具，农田路得到了拓宽和修复；李家沟村有了党员活动室、日间照料中心；他们捐赠 5.3 万元资助 28 名贫困学生完成学业，为全乡 122 户贫困户发放了优种红芸豆种子，建立了爱心超市，对李家沟、水草沟 61 户贫困户进行慰问和救助 6 万多元，同时，他们积极开展消费扶贫，仅 2019 年就帮助两村销售羊肉、家猪肉、土鸡蛋、红芸豆等农副产品 7 万多元……

2018 年，李家沟和水草沟两个贫困村全部达标退出，61 户贫困户如期实现了脱贫。吴旭、张欣在《李家沟轶事》一文中说，老乡满意，是我们最大的收获。工作队员李杰曾发布一个抖音小视频，他在视频中说"看着乡亲们欢迎和期待的眼神，我们感到充满了力量"。这份力量带给这片土地的，将是更加欣欣向荣的明天。

忻州市纪委监委：他们来了，村子变了

岢岚县三井镇张义庄村、宋家寨村的老百姓，一提起忻州市纪委监委驻村工作队，都很熟悉，他们说："我们现在就是一家人，他们来了，我们村越变越好啦"。忻州市纪委监委驻村工作队是 2015 年来到张义庄村和宋家寨村的，从来的那天起，他们与村干部、群众拧成了一股绳，齐心协力、同舟共济，村里发生了大变化，多年的穷根子终于被根治，村子绽放出片片小康之花。

思维之变——从"要我富"变成"我要富"

变化往往是从思想认识上开始的。张义庄和宋家寨是两个山区贫困村，群众质朴本分，在发展上没有思路想法，也缺少胆量办法。现任工作队队长何建强说，如何为群众解开"不敢"发展的"心疙瘩"，是驻村工作队多年来的首要任务。"扶贫先扶志、脱贫先脱结"，帮助群众树立脱贫的坚定信心是开展帮扶工作的基础。于是，他们制定了五年帮扶计划，明确了"强基础、育产业"的工作思路，先从基础设施入手，改变村里的交通、饮水、住房条件，让群众对美好生活有了盼头；又从特色种植和集体经济着手，提高村民收入和集体收益，让群众对脱贫致富有了奔头。同时引导党员率先示范，如今村里的闲人少了，村民们走着站着都在琢磨怎么把庄稼种好、把牲口养好、把手艺技能练好，谈的论的都是谁家的收成好、谁家的收入高、谁家的娃出息。村民们那行色匆匆的身影，其实正是心疙瘩解开后那迈向脱贫致富的铿锵步伐。

进村入户，深入走访

村貌之变——从"烂泥路"变成"致富路"

万丈高楼平地起，蓝图的实现要从基础建设入手。过去的张义庄村，基础设施条件极差，走的是烂泥路，住的是旧窑洞，村主任石玉花对过去的生活归纳为"雨天顶着塑料布，冬天刮风烂窗户"，此外，村民吃水还要排队到离村 2 里远的沟里摇着辘轳挑水吃。曾几何时，村民们最大的愿望就是长点本事搬出张义庄。工作队来了之后，他们先从基础设施完善上入手，在水利、交通等部门的配合下，为村里接上了自来水，改造房屋 192 间，修建通村公路 5.8 公里，硬化张义庄村巷道路 2.5 公里，维修田间路 8.5 公里，安装路灯 28 盏，新建防洪护村坝 1 座，绿化通村公路 4.6 公里。同时，还对宋家寨主干道进行改造，种植了油松等 2 万多株。这一系列的辛勤付出最终得到了丰厚的回报，现如今的张义庄和宋家寨村容村貌发生了翻天覆地的变化，村民生产生活条件得到极大改善。村主任石玉花难掩饰内心的喜悦："村里这几年可是一年一个样，越来越好啦！出去的娃娃们说走上一年回来都快认不得喽！"

产业之变——从"饱肚田"变成"淘金地"

扶贫，让老乡们增收是关键。张义庄和宋家寨是两个传统的纯农业村，千百年来村民们就靠着土地那点微薄的收成勉强填肚。工作队到来之后，经过深入细致的调查研究，明确了特色种植的发展思路，通过农业合作社带动发展以红芸豆、优种谷为主的特色种植园区 1800 多亩；积极推进张义庄村 6000 亩高标准农田建设项目，村里的地多了、地好了、产量也大幅提高了，在金秋时节，张义庄、宋家寨的村民脸上都洋溢着丰收的喜悦。此外，工作队还积极争取扶贫项目专项资金，在村里荒地上实施了 100 兆瓦光伏发电项目，在参与贫困户每年获得了 3000 元分红收益的基础上，村集体获利 1.8 万元，实现了村集体经济破零。他们推动宋家寨村新建豆制品加工小作坊项目，为村集体经济发展注入了活力，带动贫困户和村集体增收致富。

村风之变——从"各顾各"变成"顾大家"

村子环境好了，村民的经济条件也好了，过去的自顾不暇，也慢慢转变成了互帮互助、维护大家的良好风气。工作队从一开始就大力推动文明家庭、孝亲敬老、卫生标兵等评比活动，树立文明新风。他们帮助村里成立和运行起了爱心超市，通过用善行义举获得能兑换奖品的积分，引导和谐互助的良好风气的形成。2019 年 9 月，市纪委监委还组织机关全体党员干部为帮扶村爱心超市筹款 1 万 6 千元，助力爱心超市的运行。良好的乡风文明自然会在关键之时熠熠生辉，宋家寨贫困户高牡丹，患有肝硬化，病情严重，在太原住院治疗，村民响应村"两委"的倡议，自发的为高牡丹捐款献爱心，很快筹集到资金 8363 元。就像村里侯银婵大娘说的，咱们村现在是好村子，街坊邻居不争斗，很团结。

情谊之变——从"陌路人"变成"一家人"

生活越变越好了，工作队与群众的情意也越来越深了。这几年，市纪委监委与张义庄和宋家寨的贫困群众结对帮扶、温暖与共。逢年过节，他们为村里群众送上米面油、红包；村里有需要，他们送来电脑、打印机；群众有困难，他们联系收割机，免费为贫困户收割玉米田；看到卫生有差距，他们策划"洁家净院"活动，整治卫生、修复残墙断壁，村庄面貌焕然一新；看到村里很多人对技能的需求，他们组织开展面点师、烹调师培训，已有 98 位村民拿到了专业厨师证书。

6 年间，市纪委监委驻村工作队和县乡村干部群众一起努力，让村子变了样，让村民生活变了样。正如 2019 年 8 月刚刚接任张义庄村第一书记胡顺承说的那样，驻村工作队帮扶工作就像一个接力赛，我们要像之前的队友们那样跑好自己这一棒，一棒接着一棒，向着脱贫攻坚胜利的目标不断前进。

聚是一团火，散是满天星
——岢岚县扶贫办的奋斗与荣光

2018年12月24日晚，在岢岚宾馆会议室里，一场特殊的会议正在召开。台上是岢岚县委、县政府主要领导，台下是岢岚县脱贫攻坚平台全体工作人员和2018年新招录的脱贫攻坚公益性岗位工作人员。脱贫攻坚平台是2016年以"硬抽人，抽硬人"的办法从各单位抽调精兵强将的一个临时性组织，由最初的36人发展到后来的109人，是一支扩编了的扶贫大军。

这次会议之后，他们中的大多数将陆续回到原单位上班。会上，康利生、闫方、田进伟等6人分别作了发言，他们的发言把所有人都带回到了火热的脱贫攻坚一线，台下不时有人会心微笑或眼含热泪。随后，忻州市委常委、岢岚县委书记王志东的一句"聚是一团火，散是满天星"让在场的所有人激情澎湃、倍受鼓舞，县长侯俊生勉励年轻人在新岗位上要初心不改，为岢岚振兴贡献力量。扶贫办主任赵利生满怀深情地寄予这些曾经并肩作战即将分赴新的战场的"战友们"，希望大家在新的岗位进一步发扬好在平台锤炼的工作精神：凝心聚力的团结精神，敢为人先的创新精神，精益求精的工匠精神，不折不挠的"愚公"精神。

"一直流泪，止不住。"王智蕴说起那次座谈会时仍然感慨万千。在平台的工作是她的第一份工作，一入职能够直接参与岢岚脱贫攻坚并且在这样一个充满凝聚力、向心力和战斗力的集体中，王智蕴觉得很庆幸，要离开大家了，她感到很不舍；丁雪峰是负责材料撰写的，工作压力大、强度高，加班成了"家常便饭"，3 年来，他白天下乡调研，晚上撰写材料，没有休息日和节假日，始终默默地坚守在工作岗位上，他认真负责，对材料句句斟酌，字字推敲，完成了大大小小的材料不计其数。康利生是扶贫办驻后曹湖村的驻村工作队队长，驻村以来，群众有需要购买的生活用品、农具等物资，他一一记下，回城时就给他们买上。大爷大娘们有什么需要买的，他就开着车带他们去买，从来没嫌怨过。他的电话从不关机，家里有事也许他顾不上去管，但贫困户有事，他总是随叫随到。像他们一样，所有曾经在"平台"的他们正在为脱贫攻坚巩固提升工作和岢岚实现全面小康奉献着自己的光和热，他们中相当一部分已经走上了重要的领导岗位，而在"平台"的工作经历，不仅让他们得到了很好的锻炼，而且成为他们所有人为之骄傲的光辉岁月。

"干事业需要的是人，做工作最重要的就是善于用人，做到人尽其才。"就任扶贫办主任的赵利生做的第一项工作就是把"平台"工作人员"用好"，努力打造一支脱贫攻坚"铁军"，做到"敢打能拼，事不过夜，过手无误"，让每个人都成为行家里手，在具体工作中发挥好"参谋部""联络站""排头兵""领头雁"的作用。为此，赵利生在全面掌握每个人学习、工作背景的基础上按工作需要对所有人进行了重新分工，接着健全绩效考核机制，建立定期学习制度，结合工作实际开展看大局比奉献、看思想比作风、看服务比形象的"三看三比"活动，通过狠抓作风建设，强化内部管理，在最短的时间内打造了一支懂扶贫、会帮扶、作风硬的队伍。2016—2018 年间，这支队伍为各个乡镇开展各类政策培训 600 余次，协调县乡村干部和四支队伍圆满完成易地搬迁任务，为全县教育扶贫、健康扶贫、政策兜底等各项政策的全面落实提供了人才资源和智力保障。在岢岚县脱贫攻坚工作顺利推进的同时，扶贫办 2016 年、2017 年连续两年被评为"山西省扶贫系统先进集体"；2017 年被忻州市劳动竞赛委员会授予"五一

全县扶贫干部政策业务视频培训会

劳动奖"；2018 年被忻州市脱贫攻坚领导小组评为"全市扶贫先进集体"，岢岚县易地扶贫搬迁工作专项考核连续两年获得全省第一的优异成绩。

2018 年，岢岚县接受山西省第三方脱贫摘帽评估验收并顺利摘帽。在岢岚县立足脱贫、着眼小康、衔接振兴的发展之路上，以扶贫办为首的扶贫大军共同燃起的理想之火正在照亮岢岚的未来，而无论在哪里，作为星星的他们都将熠熠生辉。

扶贫先扶智，雨露润人心

——岢岚县教育科技局的扶贫实践

2020 年春，家在神堂坪乡神堂坪村的特岗教师吴敏（化名）每

教育科技局慰问贫困家庭学生

天上午通过手机给她初一初二两个年级两个班的学生进行两个小时的网络教学。

吴敏毕业于太原师范学院，两个妹妹都是在读大学生，她们的父亲酗酒成性，母亲靠打零工挣钱养活全家，落下一身的病，全家人住在 30 平方米的窑洞里。这个家的"难"在村里是出了名的，但姐妹仨从小勤奋好学并考上大学，吴敏也如愿考上特岗教师，每个月还要从微薄的薪酬中拿一些出来给两个妹妹。而两个妹妹学习成绩优异，在大学均享受国家级助学金和校内奖学金，她们很争气，在村里甚至乡里，也是人尽皆知的。

"娃娃们学习自觉，老师和学校也知道我家里的情况，关照不少，上高中期间都享受'雨露计划'，书本费都给减免了。双胞胎考上大学后，申请了助学贷款，享受着教育保险，县领导还联系企业家赞助了 2 万块钱的生活费，娃娃们在学校也能领到助学金、奖学金，乡里的领导们经常来看望我。"吴敏的母亲含着泪说："我一个人供三个娃娃上学，没有这些帮扶，日子都过不下去，不要说念书了……"

她家的困难，老师清楚，学校清楚，教育科技局局长赵玺也时刻记在心上。"扶贫先扶智，我们要做的就是不让一个娃娃上不起学，并且要让大家都上好学。"赵玺说，在岢岚县脱贫攻坚过程中，作为教育部门，教育科技局要做的就是让贫困家庭的孩子都上得起学、上好学，通过"扶智"来拔掉家庭的"穷根"。

幸福的家庭基本相似，不幸的家庭各有各的不幸；提高教育质量的途径基本相似，解决贫穷家庭的教育问题，却需要因人施策。为保证教育扶贫工作见人、见底、见效，岢岚县教育科技局成立了教育扶贫工作领导组，领导组下设办公室，明确了各相关股室、各学区（校）和幼儿园的工作职责，完善了责任落实和协作机制，为有序推进教育扶贫工作提供了坚强的组织保障。领导组详细确立了推进教育扶贫工作的一系列方案，确定了工作总框架、时间表、路线图。按照"不落

吴家庄小学的孩子们正在上课

一校，不落一户，不落一生"的总要求，全县对困难家庭子女资助实现全覆盖，建档立卡贫困家庭子女、享受低保家庭子女、特殊供养家庭子女、残疾儿童少年皆为资助对象。五年来，累计发放学前教育资助、一补、高中和职中助学金和县专项资助金 687.1 万元，为 1172 人次建档立卡贫困生提供了生源地助学贷款 705.16 万元；为 208 名考上二本 B 段以上建档立卡贫困大学生一次性每人补助 5000 元，共计 104 万元，为 120 名建档立卡贫困大学生资助新生入学路费 8.65 万元；为义务教育阶段学生免教科书费 327 万元；2016 年以来建档立卡贫困高中生、职业中学学生学费全免；为全县农村义务教育阶段学生提供营养补助 667.6 万元；县政府共投入 250 万元专项资金，实施中小学校寄宿学生"一颗鸡蛋"工程。与此同时，县教育科技局积极鼓励和引导社会力量参与教育资助。

在对学生进行硬核资助的过程中，教育科技局牵头不断加大宣传力度，提高社会公众对教育扶贫政策的知晓度，确保适龄儿童不因贫辍学的同时，坚持扶贫与扶德、扶志、扶智齐步走，形成学生带动家长、家长带动社会的辐射效应，尊师重教在岢岚县蔚然成风。

为了让山里娃和城市孩子一样真正享受到优质教育资源，除了不惜一切力量优化整体布局、完善硬件设施外，岢岚县以农村特岗计划和师资培训为重点，着力打造一支师德高尚、业务精湛、结构合理、充满活力的高素质专业教师队伍，让教师队伍稳得住、打得响。全县通过"走出去、请进来"，近三年来先后投入 318.9 万元用于培训教师，参加过各类培训的教师人数达 5648 人次；为农村中心校教师和教学点教师分别发放每人每月 80 元和 100 元的偏远补助，落实国家集中连片贫困地区农村学校教师每月享受 300 元的乡村教师生活补助，2015 年起补助费用逐年提升，到 2019 年，农村教师的补助标准提高到每人每月 580—1050 元，同时，教师职称评定、评优评模等优先向农村教师倾斜。从太原师范学院毕业后在宋家沟小学任教的特岗教师南君说："来到农村学校，得到省市县各级单位对于乡村学校的

广惠园社区仰峤幼儿园

深切关怀、给力帮扶，我们理应好好工作，回报大家的期望！"

与脱贫路上坚实的步履相随的，是岢岚教育事业取得的丰硕成果：在全市同类学校中，中考成绩稳居前三，高考成绩逐年攀升，在忻州市中小学诗词大赛、校园足球联赛总决赛中岢岚代表队均名列前茅。

教育扶贫，使无数像吴敏这样的贫困学生有学可上。吴敏说，自己一路走来，最感谢的是那些帮助她的人。报考师范院校，考取特岗教师，就是希望用自己所学去帮助更多像她这样的农村学子圆他们的成才梦——一滴雨露，呵护一个生命；一个行动，成就一个梦想，这也正是教育扶贫的意义所在。

"一技在手，一生不愁！"

——岢岚县"人人持证、技能社会"培训侧记

2020年9月8日下午，岢岚县大涧乡政府内一场特殊的结业仪

式正在进行，53 岁的田双亮等 48 个贫困户接受了县人社局劳动就业服务中心"人人持证、技能社会"培训机构组织的考试，领到了全民技能合格证。8 天内，培训机构从太原聘请的烹调讲师蹲点在大涧乡为学员进行中式烹调教学。这次培训是岢岚县就业服务中心当年举办的第三期培训，本期培训从 9 月 1 日开始，至此，当年就业局已经共举办三期 48 个班次的培训。

"干煸豆角、过油肉、拔丝红薯……都是家常菜，回家就可以学着做。"这是田双亮第二次参加培训了，她说，再有机会，自己还会参加培训："很实用，没想到老了还有机会学习，炒菜有这么多讲究。拿上了红本本，有能力的可以自己开个小饭店，像咱这样的，至少自己会炒菜了，感觉日子也过得更舒心了！"培训班上，田双亮说出了很多参加烹饪培训的妇女的心声，而培训班开到乡村，让更多不方便出行的农村妇女学得一技之长，提升农村人生活品质也正是主办方的出发点。

同一时间，在广惠园社区服务中心"人人持证、技能社会"就业服务平台的电子屏上，招工信息，培训信息不断滚动。工作台前，不时有人前来咨询，求职的、用工的、想要参加劳动技能培训的，需求各有不同；大学毕业生、退役军人、困难职工、搬迁群众等，年龄、身份不一而足。工作人员一一耐心答复并作详细登记，直到来人心满意足而去。

"每天都有，常常还需要排队。我们的培训班开到乡村一级，广惠园社区内则常年举办。"工作人员杜丽琴说，近几年，在岢岚脱贫攻坚的过程，她感受最强烈的就是"我们的工作越来越忙了"。杜丽琴说的"忙碌"，可以从就业服务中心提供的数据中感受到，每个数据，都是在他们一丝不苟的工作获得的：截至 2020 年 9 月，全县劳动力 48470 人，除不具备就业条件的在校学生、现役军人、大病人员等 9733 人外，剩余 38737 人，实现就业 37923 人，就业率达 97.90%；全县建档立卡贫困人口劳动力 11184 人，除不具备就业条件的 2136 人外，剩

职业技能提升培训班

余 9048 人全部实现就业，就业率达 100%。其中，广惠园社区易地搬迁总人口 5029 人中具备劳动条件的 2633 人全部实现就业，就业率达 100%。

频频出现的"100%"背后，是劳动就业服务中心全体人员"100%"的努力：坚持两周在本地媒体发布一次招聘信息，目前已发布 192 期 7600 条；将全县具备培训条件、有培训意愿的 15509 人全部纳入培训取证服务范围，满 30 人即邀请有关专家进行培训，每年参加培训人员达 5200 人次。2020 年，爱疫情影响，培训从 4 月开始进行，截至 9 月 8 日，短短 5 个月已组织 48 个班 1991 人次进行了培训，培训开设了焊工、美容、母婴护理、中式烹调、缝纫工、中式面点、大盘菜制作、面包烘焙、电工、生活照料、育婴员、家政服务员、电子商务共 13 个工种，每次培训为期 8 天，市技能鉴定中心会在每期培训结业后来进行现场考试，考试合格后 3 个月后根据不同内容颁发相应的职业技能等级证或专项职业能力证。

　　就业是最大的民生，技能是就业的根本。在脱贫攻坚的过程中，岢岚县坚持"立足脱贫、着眼小康、衔接振兴"的思路，将"提高劳动技能，实现持证上岗"作为政治任务、头等大事，提前谋划，及早部署，不断总结劳动技能培训经验，层层传导工作压力，积极创新培训方法，通过传、帮、带、管全面提升群众劳动技能：一是以政府主导为基础，推动全民技能工程提质增效。在全面摸底后，将全县包括贫困劳动力及高校毕业生、退役军人、城镇困难职工、残疾人等重点群体在内的具备培训条件、有培训意愿的 15509 人全部纳入培训取证服务范围。二是以惠及民生为目标，搭建全民技能提升工作平台。在全县最大的移民搬迁安置点广惠园设立"人人持证、技能社会"广惠园工作平台，平台集职业培训、就业服务、企业招工、劳动维权、政策保障五大块功能为一体，为易地搬迁群众提供就近就地培训就业服务的同时，辐射城乡各类劳动者。三是以强化宣传服务为抓手，筑起

月嫂培训现场

全民技能社会新理念。通过选树典型，组织宣讲活动进社区、到农村，让先进典型以自己培训成才、技能成功的亲身经历讲好技能成才的故事、落实好"人人持证、技能社会"的好政策，感染、鼓励更多群众参与到技能成才的大潮中来，让全民技能社会新理念深入人心。四是以需求实效为导向，提高全民技能培训质量。结合全县产业发展，招商引资落地企业用工需求，建立"需求储备式培训"模式，重点对有就业需求的贫困劳动力开展市场需求较高的职业（工种）定向培训。优选工种，精心组织，采取校企合作、工学一体、企业自主、送教下乡等多种形式，着力打造"岢岚厨师""岢岚缝纫工""岢岚焊工"等岢岚劳务品牌，体现培训的针对性和实效性，力争培训一人，领证一人，就业一人。

尽管工作任务越来越重，但杜丽琴和她的同事们却没有丝毫怨言："大家找到工作了，生活美满了，我们和他们一样高兴。更重要的是，通过培训，让很多人意识到居家过日子、做饭带孩子也需要技巧。'人人持证、技能社会'，提升技能的同时，改变的就是每个人的思维模式和生活习惯。"

西豹峪乡甘钦村郝新军参加焊工培训后在县内某企业当焊工，工资比过去翻了一番；温泉乡咸康村张宏伟培训合格后现在外出打工，一天就能拿到四五百块钱的工资；王家岔乡王家岔村的高俊芳初中毕业后就在家务农，在培训班学习中式烹调后在王家岔乡餐厅工作，一年工资收入3万多……这样的故事，在走访的过程中随时可以听到。"按县委、县政府的统筹安排，岢岚县将于2022年力争实现'人人有一技之长、人人有一资之证、人人有一业可就'的人力资源和社会保障工作目标，只要我们齐心协力，这个目标肯定可以实现。"就业服务中心主任贾贵生信心满满。

职业技能培训，让岢岚曾经苦于无技、无证、无特长的劳动人口充分尝到了"一技在手，一生不愁"的甜头。

娘娘庙村的红高粱

——岢岚县运管所所长刘锁柱扶贫小记

娘娘庙村的高粱红了，红遍了村里的山山洼洼。刘锁柱的名字也随着红高粱那诱人的香气传遍了周围的十里八乡，传遍了管岑山下的岚漪河畔。"锁柱那娃实在"，村里的老年人这样说。"刘所长是个有心人，他从来村里扶贫那天起，就把娘娘庙当成了自己的家。娘娘庙能有今天，刘所长除了有苦劳，更多的是功劳"，水峪贯乡的干部群众都这样说。

金杯银杯，不如老百姓的口碑。刘锁柱在娘娘庙村扶贫的每时每刻都牵记着这样一条准则，群众的利，就是他的工作目标。他工作认真，踏实肯干。他认准的路不管有多少坎坷，也要一步一个脚印走到

刘锁柱和农民一起收高粱

底。他到乡政府报到那天，乡党委书记也许是考验他的勇气，也许是要让他心理上有所准备，也许二者都有。"刘所长，娘娘庙可是一块不好啃的骨头……"不等书记说完，锁柱就接住了话茬，"水峪贯乡娘娘庙村地处岢岚西山深处，距县城 63 公里，距乡政府所在地 70 公里，且被两座大山阻隔，交通不便。经济落后。全村 125 户，315 口人，常住 52 户，138 口人。建档立卡贫困户 51 户，145 人。且多数是老弱病残。缺乏劳动力。该村地处偏远，信息落后。经营粗放，产业单一。人口住房困难，房屋年久失修。本地人说'村里的金凤凰都飞走了，尽留下些马棒子'"。刘锁柱如数家珍。临了还补充一句："还有吗？书记。"乡党委书记看着眼前这位看似腼腆却充满自信的扶贫单位领导，满意地点了点头。她也许还不知道，就在刘锁柱接到通知的那天之后，还未正式来乡里报到，就带着他所里的精兵强将，两次深入到娘娘庙村实地了解情况，晚上又加班翻阅了娘娘庙村所有的资料。他这一次是有备而来的。"放心吧，书记，我一定给你，给娘娘庙村的老百姓一个满意的交代。"言语不多，掷地有声。

刘锁柱从来就是一个说到做到，言而有信的人。他很清楚，就他目前所掌握的情况，只能是一个基本情况。书面数据和切身体会，他更多相信后者。他把自己的调研工作放到了和村民"一起干"之中。在村容村貌整治，村"两委"办公场所修缮，解决村民吃水困难，每件事他都是亲力亲为。特别是在村环境卫生整治中，他带头扛起铁锹和村民一起干。真可谓"晴天一身汗，雨天两腿泥"。紧张的劳动之余，他深入到贫困户家中，和他们共商脱贫大计。村民袁茂生妻子因脑溢血后遗症无法行走，刘锁柱自己花钱购买轮椅，给病人送到家中。他为村里仅有的 3 个小学生送去学习用品，他更是老党员、困难党员，五保老人，低保户家中的常客。

他的言行感动了村民。村民和他"掏心窝子"，无话不说。把他完完全全当成了自家人。入村以来，刘锁柱脑子里时隐时现的想法，也随着他和村民的不断讨论，渐渐地明确起来。十年怀胎，一朝分娩。现在他终于完完全全找到了娘娘庙脱贫的根本——发展自己的特色产业——种高粱！

娘娘庙村的村民历来就有种高粱的习惯，用自产的高粱酿酒。种植技术和种植经验有着绝对的优势。但由于不成规模，效益一直不好。刘锁柱知道，市场发展到现在，村民要想走出一条长久的生财之道，一定要以开放的心态，将自己的优势与其他资源整合起来，才能得到更好的发展。

说干就干，刘锁柱通过汾阳运管所协调牵线，亲自到汾阳酒场实地考察洽谈，签订了高粱种植和购销协议。当他把这个喜讯带回村时，村民积极性并不高。他们有过这方面的教训。高粱一旦染上病虫害，就会颗粒无收。"一朝被蛇咬，十年怕井绳。"刘锁柱面对这种情况，并不灰心，他一方面马上召集运管所帮扶干部，挨家挨户做工作，并与村民签订承诺书。另一方面由运管所筹措资金 12 万元为群众免费提供 700 亩地所需的高粱种子和复合肥，免除村民的后顾之忧。2018 年，娘娘庙村大面积种植高粱。十月金秋，清风送爽。娘娘庙村的高粱红了。红遍了村里的山山洼洼。这一年全村共收获高粱 40 万 2 千斤。以每斤 1 元 1 角 2 分的价格出售，实现年产值 44.8 万元。仅此一项为贫困户户均增收 1 万元。娘娘庙村的村民笑了，笑得如此甜蜜。

一项产业带动了全村各项事业的发展。如今娘娘庙村勤人多了，懒人少了。埋头苦干的人多了，说风凉话的人少了。大家心里热乎乎的。他们的心里有了一份希望。希望红艳艳的高粱铺满他们走向小康的大道！

家门口的扶贫工厂

1 年前，岢岚县西豹峪乡赵秋兰、武七四夫妇搬迁进县城广惠园小区，从农民变成工人，每月按时按点领工资。赵秋兰说，"厂子就在家门口，农民成了双职工"。老两口已经60多岁了，对于这份工作十分满意。

36岁的高丽丽3年前从五里水村搬到县城，正发愁没事干。"赶上厂子招工，今年3月份进厂。"因为心灵手巧，吃苦耐劳，她很快成为技术骨干，每个月能拿到至少2000元的薪酬。由于工厂实行计件制，她出活率高，薪水每个月还在增加。

坪后沟村43岁的王凤齐是厂子里为数不多的男工，和其余5个人负责成品打包，每天一共打包约1000个，每人200个左右。"公司三四天就拉一趟，放下原材料，拉走成品。"说到厂子的产量，王凤齐充满自豪。

赵秋兰们说的"厂子"，就是建于岢岚县广惠园的立源皮具有限公司，公司主产各类箱包，大家习惯上称为"箱包厂"。两层楼的厂子里，经过培训的新型农民工分四个组在四条生产线上流水作业。

搬迁群众家门口的扶贫车间

为了让搬迁后的贫困群众有活干、有技能、稳得住、能致富，岢岚县聚焦聚力全面打赢精准脱贫攻坚战，筑巢引凤，以商招商，紧盯发展潜力大、带贫能力强、技术容易掌握的产业项目。政府搭台，企业唱戏，通过多种渠道让群众实现在家门口就业的目标。建在易地搬迁集中安置点广惠园小区的这个车间，190余名工人绝大多数是搬迁户，每月工资计件，另按照合同约定企业按年6%的资产收益交给扶贫办发给贫困户。每天6—8个小时的工作，"不风吹不日晒就把钱挣了"，让这些曾经的贫困户们感到非常满意。

发展壮大产业是脱贫攻坚后半篇文章的关键，岢岚县委主要领导经过多次实地考察、反复论证和试运营生产，认为箱包产业是一项劳动密集型产业，可以为更多的贫困户提供就业岗位，带动他们稳定脱贫、致富增收。2018年11月4—6日，县委主要领导赴被誉为"中国箱包之都"的河北省高碑店市白沟镇考察招商，此行高碑店市以加工生产双肩背包、电脑包、旅行包等各类箱包产品为主的大全皮具有限公司与岢岚签订合作协议。协议明确规定，大全皮具有限公司利用品牌、信息、订单、技术等方面的优势在岢岚投资新建箱包加工厂项目，带动促进劳动力充分就业，实现招引扶持一个企业，带动1000个家庭就业的目标。

箱包厂投产以来，每月生产各类箱包35万只，远销30多个国家和地区。投资者看好这块风水宝地、产业洼地，2019年注册子公司为山西立源皮具有限公司，目前已在岢岚规划60亩

成品展示

土地并开始筹建，建成后总部将逐步迁移到岢岚。按规划设计，公司新厂址将配套工人住宿、用餐，投入使用后用工可达 500—1000 人，日产箱包 6000 个。"看看这包包，谁能想到是出自咱贫困户之手？这都是要出口的哩！"王凤齐指着成品展架上的各式箱包，充满成就感。

立项、立产、立业，小包包装满致富梦；兴草、兴牧、兴企，羊羔羔拓宽幸福路。在走好"立足脱贫、着眼小康、衔接振兴"的道路上，岢岚县持续发力，不断优化营商环境，拓展发展空间，以务实的作风、优质的服务推动企业在岢项目落地生根，开花结果，为岢岚脱贫攻坚和高质量转型发展源源不断地注入活力、动力和竞争力，夯实了致富桥，拓宽了幸福路。

做一家有温度的企业

2018 年是山西宋家沟功能食品有限公司旗下工厂的建设年。这个以沙棘为主要原料研制功能食品的公司 7 月成立之后，建厂、建冷库、建生产线，百业待兴。与此同时，生产需要的沙棘原料也在及早储备和谋划之中。除了鼓励老百姓自愿上山采摘创收外，公司也跟当地农户签订了 2 万亩沙棘种植的协议，带动更多的人增收。

岢岚县野生沙棘资源丰富，宋家沟、王家岔一带路边、坡上、山上，到处都是沙棘林。以前，大家都知道沙棘果可以吃也可以榨汁，勤快的村民到深秋或初冬季节，就会剪些沙棘去卖，换点零用钱补贴家用。2018 年收完秋，正是公司沙棘叶的收购期，那个时候，沙棘果还没有成熟，住在宋家沟和周边的老百姓就忙了起来。很多村民背个框子或者拎个袋子去采收沙棘叶。因为刚知道沙棘叶也可以卖钱，第一次采摘，老百姓们不太懂如何采、如何保存，虽然企业派人做过培训，但不少老百姓辛辛苦苦采摘回来，拿到厂里一看，还是出现一部分叶子发霉。怎么办？企业领导商量了一下，不想让村民白辛苦这一趟，所以，只要采摘回来的沙棘叶，企业决定全部收下。发霉的叶子全部给农民付了款，付完以后当着大家的面再倒掉，然后一一教他们采摘方法和保存方法。这下，大家没有损失，却用心学会了采摘和保存的方法。下一次，村民们就不会再交回发霉的叶子。2018年公司一共收购进80吨沙棘叶，有近5吨是发霉的，虽然企业累计损失了好几万块钱，但是换来了老百姓对质量、品质正确的认知，也换来了老百姓对公司的信任。2019年，附近的老百姓都乐意为公司摘沙棘叶，公司收购的沙棘叶再没出现发霉的现象。

企业扶贫不仅让周边的老百姓增加收入，给当地带来创新发展的门路，并引导大家建立更好的发展理念、致富理念，也是一种推动。收沙棘果的时候，有的人为了赶时间，把沙棘连根砍回来。虽然公司当时也给了1.3元一斤的收购价格，但也郑重地告诉了他们这样做的危害性和破坏性，教给那些人正确的采收标准和正确的采收方法，说

看自己生产出来的沙棘产品

明破坏性的采摘以后不会收购。经过一次次示范、引导与严格要求，2018年总计收沙棘果达300吨以上，一次比一次品质好。公司的负责人说，企业要发展，当地老百姓要致富，但前提都是要保护好生态环境，因为那是发展的前提。

山西宋家沟功能食品有限公司规划占地面积100亩，总计厂房面积2万平方米，冷库面积3400平方米，计划投资总额3.1亿元。公司规划了包括沙棘袋泡茶、沙棘果油、固体饮料、口服液、压片糖果等八条生产线，目前第一批试生产的沙棘六味口服液深受欢迎。公司负责人告诉我们，他们曾带宋家沟的乡亲去鄂尔多斯和陕西袁家村学习，筹划把宋家沟沙棘产业园和宋家沟景区、宋长城景区、荷叶坪和岢岚野生沙棘林等有机融合，打造"宋家沟沙棘工业旅游基地""宋家沟美食之都""宋家沟康养之都""宋家沟研学旅游之都"。

岢岚有42万亩野生沙棘资源，岢岚周边50里半径内有150万亩野生沙棘资源。发挥岢岚沙棘资源丰富优势，就要保护好资源，延长沙棘产业链条，促进沙棘产业发展壮大，这样，才能更好地造福岢岚及周边贫困农民，助力岢岚脱贫攻坚。这是一个企业的理念，也是良知。公司发展有很多计划，每一个计划里都有扶贫的思路。包括招工、培训、原材料收购，包括正在形成的"公司＋农户＋合作社＋村委会"合作模式，他们会拿实际行动回馈岢岚人民。因为，一个有温度的企业，才能受到欢迎，得到支持，获得可持续发展。

后 记

脱贫攻坚是实现我们党第一个百年奋斗目标的标志性指标，是全面建成小康社会必须完成的硬任务。党的十八大以来，以习近平同志为核心的党中央把脱贫攻坚纳入"五位一体"总体布局和"四个全面"战略布局，摆到治国理政的突出位置，采取一系列具有原创性、独特性的重大举措，组织实施了人类历史上规模空前、力度最大、惠及人口最多的脱贫攻坚战。经过 8 年持续奋斗，现行标准下 9899 万农村贫困人口全部脱贫，832 个贫困县全部摘帽，12.8 万个贫困村全部出列，区域性整体贫困得到解决，完成了消除绝对贫困的艰巨任务，脱贫攻坚目标任务如期完成，困扰中华民族几千年的绝对贫困问题得到历史性解决，取得了令全世界刮目相看的重大胜利。

根据国务院扶贫办的安排，全国扶贫宣传教育中心从中西部 22 个省（区、市）和新疆生产建设兵团中选择河北省魏县、山西省岢岚县、内蒙古自治区科尔沁左翼后旗、吉林省镇赉县、黑龙江省望奎县、安徽省泗县、江西省石城县、河南省光山县、湖北省丹江口市、湖南省宜章县、广西壮族自治区百色市田阳区、海南省保亭县、重庆市石柱县、四川省仪陇县、四川省丹巴县、贵州省赤水市、贵州省黔西县、云南省西盟佤族自治县、云南省双江拉祜族佤族布朗族傣族自治县、西藏自治区朗县、陕西省镇安县、甘肃省成县、甘肃省平凉市崆峒区、青海省西宁市湟中区、青海省互助土族自治县、宁夏回族自治区隆德县、新疆维吾尔自治区尼勒克县、新疆维吾尔自治区泽普县、新疆生产建设兵团图木舒克市等 29 个县（市、区、旗），组织 29 个县（市、区、旗）和中国农业大学、华中科技大学、华中师范大学等高校共同编写脱贫攻坚故事，旨在记录习近平总书记关于扶贫工作的重要论述在贫困县的生动实践，29 个县（市、区、旗）是全国 832 个贫困县的缩影，一个个动人的故事和一张张生动的照片，印证着人民对美好生活的向往不断变为现实。

脱贫摘帽不是终点，而是新生活、新奋斗的起点。脱贫攻坚目标任务完成后，"三农"工作重心实现向全面推进乡村振兴的历史性转移。我们要高举习近平新时代中国特色社会主义思想伟大旗帜，紧密团结在以习近平同志为核心的党中央周围，开拓创新，奋发进取，真抓实干，巩固拓展脱贫攻坚成果，全面推进乡村振兴，以优异成绩迎接党的二十大胜利召开。

由于时间仓促，加之编写水平有限，本书难免有不少疏漏之处，敬请广大读者批评指正！

本书编写组

责任编辑：姜　虹
封面设计：林芝玉
版式设计：王欢欢
责任校对：张红霞

图书在版编目（CIP）数据

中国脱贫攻坚．岢岚故事／全国扶贫宣传教育中心 组织编写．—北京：
　人民出版社，2022.10
（中国脱贫攻坚县域故事丛书）
ISBN 978 - 7 - 01 - 023244 - 7

I.①中…　II.①全…　III.①扶贫－工作经验－案例－岢岚县　IV.①F126

中国版本图书馆 CIP 数据核字（2021）第 045894 号

中国脱贫攻坚：岢岚故事

ZHONGGUO TUOPIN GONGJIAN KELAN GUSHI

全国扶贫宣传教育中心　组织编写

人民出版社 出版发行
（100706　北京市东城区隆福寺街 99 号）

北京盛通印刷股份有限公司印刷　新华书店经销

2022 年 10 月第 1 版　2022 年 10 月北京第 1 次印刷
开本：787 毫米 ×1092 毫米 1/16　印张：12.5
字数：168 千字

ISBN 978 - 7 - 01 - 023244 - 7　定价：48.00 元

邮购地址 100706　北京市东城区隆福寺街 99 号
人民东方图书销售中心　电话（010）65250042　65289539